베르나르 르콩트(Bernard Lecomte)

프랑스의 작가이자 저널리스트. 가톨릭 일간지『라크루아』(La Croix)의 책임편집장과『렉스 프레스』(L'Express)의 편집위원,『피가로 마가진』(Figaro Magazine)의 편집장을 지냈다. 구 소련과 동유럽의 공산주의에 정통한 소식통으로,『고르바초프』(2014),『크레믈린의 비밀』 (2016) 등 다수의 책을 펴냈다. 바티칸과 관련된 사안들에 열정을 갖고 여러 책을 펴냈는데, 이와 관련한 주요 저서로『요한 바오로 2세』(2003),『바티칸의 비밀』(2009),『바티칸의 마지 막 비밀』(2011),『교황들의 사랑 사전』(2016)등이 있다.

필립 로랭(Philippe Lorin)

파리에서 건축과 디자인을 공부했으며, 독립 삽화가로 지금까지 200여 권이 넘는 책의 삽화를 그려왔다. 현재 캐나다 퀘벡 주와 미국에서 일하며 프랑스 나탕 출판사의 자회사를 운영하고 있고, 여러 출판사들과 협업하여 주로 인물의 생애를 주제로 한 삽화를 그리고 있다.

연숙진

한국외국어대학교 불어과와 동대학원을 졸업하였다. 가톨릭 신자로 불어 전공을 했던 것이 인연이 되어 프랑스 선교사들의 필사본 서한을 판독 번역하는 일을 해왔다. 현재 한국 천주교 주교회의(CBCK)에서 일하고 있으며 주요 번역서로는『그리스도교 상징사전』,『프티니콜라 신부의 생애』,『예수기도』,『라루스 속담 격언 대사전』 등이 있다.

Published in the French language originally under the title:
En tête à tête avec les Papes qui ont changé l'histoire
by Bernard Lecomte and Philippe Lorin

©2014, Éditions Gründ, an imprint of Edi8, Paris
All rights reserved.
Korean translation copyright ©2017 IU BOOKS

This translation published under license with the original publisher Éditions Gründ,
an imprint of Edi8. through AMO Agency, Seoul, Korea.

일러두기
1. 본문에 나오는 인명과 지명 등 고유명사는 한국 천주교 주교회의에서 2005년 새롭게 펴낸 새 번역『성경』을 따랐다.
2. 인명의 우리말 표기는 국립국어원 외래어 표기법 용례를 따랐다. 단, 교황들의 이름은 이탈리아어 발음을 따랐다.

세상을 바꾼
교황들

이유출판

차 례

추천사   4

들어가는 말   6

1. 베드로 성인 _ 교회의 첫 수장   8

2. 대 레오 교황 _ "결정은 로마가 한다!"   24

3. 대 그레고리오 교황 _ 유럽을 창안한 수도승   32

4. 인노첸시오 3세 교황 _ 세상의 중심에 있는 교황직   44

5. 바오로 3세 교황 _ 르네상스에서 교회 개혁의 시대로   56

6. 비오 7세 교황 _ 나폴레옹을 파문한 교황   72

7. 레오 13세 교황 _ 근대화를 선택한 교황   84

8. 비오 11세 교황 _ 히틀러에게 "No!"라고 말한 교황   92

9. 요한 23세 교황 _ 공의회를 소집한 교황   104

10. 요한 바오로 2세 교황 _ 희망의 교황   116

11. 프란치스코 교황 _ 그리고 지금은…   128

옮긴이의 말   134

옮긴이 주   138

+ 평화가 이 책의 독자들과 함께!

프란치스코 교황님의 등장으로 많은 사람들이 교황과 가톨릭 교회에 대해 깊은 관심을 갖게 되었다고 합니다. 기쁨과 열정에 가득 찬 순수한 인간애로 교회와 세상을 변혁시키려는 프란치스코 교황님의 행보는 교황직이 갖고 있는 의미와 이 세상에 미치는 영향에 대해 생각하게 해줍니다. 이러한 가운데 프란치스코 교황님을 소개하고 그분의 가르침과 행보를 전하는 책들은 이미 다수 발간되어 많은 사람들에게 공감과 감동을 주고 있습니다.

그러나 프란치스코 교황님의 등장은 2000년에 걸친 교회의 역사와 세계사의 흐름 안에서 파악할 때 그 올바른 의미를 획득할 수 있다고 여겨집니다. 이러한 관점에서 260여 분의 역대 교황들에 대해 전부 이야기하기에는 너무나 방대하고 복잡한 일이기에, 교회사 안에서 특별히 중요하고 또 세상을 변화시키는데 큰 영향력을 행사한 교황들에 대해 알아보는 일은 참으로 유익할 것입니다. 이러한 시도들은 가끔 있어 왔고, 최근에는 우리나라에서도 존경하올 손희송 주교님께서 쓰신 『우리 시대의 일곱 교황』(2016, 가톨릭출판사)이란 제목의 책이 나오기도 하였습니다.

이 자리를 빌어 제가 소개하는 책은 제목이 시사하는 것처럼 우리 시대만이 아니라 베드로 성인부터 현재의 프란치스코 교황님에 이르기까지 역대 교황님들 중에 특별히 세상을 바꾸는데 크게 영향력을 미친 열 분에 대한 이야기입니다. 이들이 세상을 바꾸었듯이, 아마도 프란치스코 교황님을 통해서도 세상은 크게 달라질 거라는 믿음이 이 책에 담겨있는 것 같습니다.

이 책의 저자가 가톨릭 교회의 공직자가 아닌 프랑스의 유력 잡지의 편집장을 지낸 저널리스트로서, 가톨릭의 울타리를 벗어나 일반 시민의 눈높이에서 교황의 역사를 바라보고 있다는 점도 이 책을 더욱 특별하게 합니다. 저자가 열 분의 교황을 선택하여 소개한 뒤 마지막으로 프란치스코 교황님을 무대 위에 모셔놓고 퇴장하는 듯한 형식으로 이 책을 구성한 것을 보면, 아마도 저자가 프란치스코 현 교황님의 행보에 큰 감동을 받아 이 책을 쓰게 되었으며 이로써 과거 교황의 역사를 살아있는 것으로, 지금도 면면히 이어지는 도도한 흐름으로 보고 있다는 인상을 받게 됩니다. 따라서 이 책을 읽는 독자 역시 프란치스코 교황의 말씀과 행동을 가톨릭 역사의 전체 파노라마 속에서 바라보게 되고, 자신이 몸담고 있는 특정 종교와 상관없이 그분에게서 큰 희망을 보게 되어 성원과 기도의 마음을 갖게 되리라 생각합니다.

책을 돋보이게 하는 것은 꽤 많은 분량의 삽화들입니다. 각 시대의 인물과 건축을 우아하고 정확한 그림으로 담아내면서 감동을 전하고 있는데 특히 교황의 초상화에 해당하는 그림들은 마치 생존 인물의 면전에서 직접 스케치한 듯한 느낌을 불러일으키며, 이분들이 반신반인의 존재도 아니고 그렇다고 가톨릭 시스템 안에서만 대리석 조각상처럼 차갑게 존재하는 인물들이 아니라 우리와 똑같은 시대의 사람들이었음을 보여주는 듯 합니다.

모쪼록 이 책이 지도자 한 사람이 지닌 의지와 실천 그리고 사랑과 용기가 세상에 어떤 영향을 줄 수 있는지를 알게 하는 데에 보탬이 되고, 가톨릭교회와 교황직의 의미를 더 잘 이해하는 데 도움이 되기를 빌어 마지않습니다.

유수일 (프란치스코 하비에르) 주교
천주교 군종 교구장

✝ 유 수 일

들어가는 말

세상 끝에서 온 새 교황 덕분에 신자와 비신자 모두가 가톨릭교회에 새로운 관심을 갖기 시작했다. 폴란드 출신 교황으로 세상을 깜짝 놀라게 한 요한 바오로 2세의 선종은 가톨릭교회에 비교적 영예로웠던 시대의 폐막을 알렸다. 공산주의가 몰락하던 시기에 요한 바오로 2세가 수행한 역할은, 유다인과 그리스도인의 거리를 좁히려 했던 그의 노력, 그리고 전 세계 젊은이들과 함께 거둔 그의 눈부신 성공과 더불어 가톨릭 신자들이 다시 희망을 품게 해주었다.

독일 출신의 박학다식한 학자였던 후임 교황 베네딕토 16세는 신자들에게 '진리'의 맛을 다시 보여주기를 원했던 것 같지만 그리 큰 성공은 거두지 못했다. 뛰어난 신학자였으나 소통에는 약했던 이 연로한 독일인 교황은 비관주의자였다. 그는 교회를 망망대해의 폭풍우 속에 흔들리는 배에 비유하곤 했다. 교회 내에서 잇달아 일어난 실수와 추문에 지친 그는 결국 최고의 자리를 내놓아 모든 이를 놀라게 했다. 고되고 힘든 교황직을 수행한 지 8년째 되는 해였다. 그리고 바로 그해 2013년, 추기경단은 이제까지 거의 알려지지 않은 인물을 교황으로 선출했다. 이 새 교황은 라틴아메리카 출신의 예수회 회원으로, 줄곧 진실을 말하고 굳건히 복음을 전해 온 아르헨티나인 목자이다.

그의 단순하고 소박한 몸짓과 과감한 중재, 친근함, 그리고 가난한 교회, 겸손하며 미소 짓는 교회, 단죄하기보다 용서하려 하는 교회에 대한 그의 확신에 찬 의지는 뜻밖의 놀라운 결과를 가져왔다. 즉위한 지 불과 몇 달 만에 프란치스코 교황은 세상 사람들이 교황직에 다시 호감을 갖도록 만든 것이다!

사실 교황은 대리석 조각처럼 차가운 인간도 아니고, 반인반신의 존재도 아니다. 세계에서 가장 규모가 크고 오래된 조직인 로마 가톨릭교회의 역사는 각기 다른 개성을 가진, 각 시대의 빼어난 인물들의 군집이라 할 수 있다. 교황들 가운데 어떤 이는 목자였고, 어떤 이는 외교관이었으며, 또 어떤 이는 지식인이었다. 어느 특정 시대의 교황들은 전사이거나 군주, 또는 한량이기도 했으며, 어떤 이들은 시대의 예언자였다.

이러한 교황들 가운데 세상의 흐름에 결정적인 영향을 준 열 분을 선별하여 이 책에 소개하고자 한다. 물론 이들 가운데 가장 먼저 베드로 사도를 살펴볼 것이다. 이 '반석'(베드로) 위에 예수님은 '당신의 교회를 세우기'를 원하셨고, 이천 년이 지난 지금 베드로 사도는 첫 교황으로 받아들여지고 있다. 그 다음으로는 대 레오 교황과 대 그레고리오 교황, 인노첸시오 3세와 바오로 3세가 어떻게 교황직에 남다른 의미를 부여했는지 알아볼 것이다. 초대 그리스도인 공동체 때부터 교황직의 전성기와 중세를 거쳐 르네상스에 이르기까지 교황직은 독보적인 자리였다. 이어서 우리는 비오 7세를 비롯하여 레오 13세, 비오 11세, 요한 23세를 거쳐 요한 바오로 2세에 이르기까지 뛰어난 교황들이 시대의 질곡 속에서 극적인 사건들과 엄청난 격변을 겪으며 어떻게 가톨릭교회를 이끌었는지 살펴볼 것이다.

제 1 장

베드로 성인
교회의 첫 수장

그의 이름은 시몬이었으나, 장차 아람 말로 '바위(반석)' 또는 '돌'이라는 뜻을 지닌 '케파'로 불리게 된다. 그는 갈릴래아 지방 티베리아스 호수 북쪽에 위치한 고을 벳사이다에 사는 어부 요나의 아들이었다.[1] 젊은 시몬은 결혼을 한 뒤 동생 안드레아와 함께 카파르나움으로 이주했다. 카파르나움은 벳사이다에서 몇 킬로미터 떨어진, 티베리아스 호숫가에 위치한 어촌 마을이었다. 바로 이곳에서 어느 날 그는 제자들을 모으던 범상치 않은 설교자 나자렛 예수를 만난다. "내가 너희를 사람 낚는 어부가 되게 하겠다."[2] 팔레스타인 지방을 두루 다니며 그곳의 유다인들과는 확연히 다른 종교를 설파하던 서른 살의 건장한 사내 예수는 이렇게 말했다. 시몬과 안드레아 형제뿐만 아니라 야고보와 요한, 그리고 다른 몇 사람도 모든 것을 버리고, 자신을 "하느님의 아들"이라 말하는 이 사람을 따르기로 결심한다.

복음서를 살펴보면, 예수와 시몬의 첫 만남을 전하는 대목에서 시몬은 열두 사도 가운데 으뜸으로 인용된다. 이 건장하고 열정적인 사내는 분명 제자들 가운데 첫째가는 핵심 인물로, 통솔력이 있었다. 그는 복음서의 수많은 일화 속에서 언급된다. 예를 들어, 예수님께서 카파르나움의 호수에서 "물 위를 걸으실 때"에도, 예수님께서 이스라엘의 수도 예루살렘에 계실 때에도, 예수님께서 겟세마니 동산에서 붙잡히던 때에도, 또 그분에게 운명의 시간이 될 파스카 주간[3]에도 그분과 함께 있었다. 시몬은 자신의 스승을 지키기 위해 칼을 뽑아 한 백인대장의 귀를 내리치기까지 했다![4] 그러나 몇 시간 뒤, 이번에는 로마 군인들이 자신을 체포하려하자 그 유명한 예수를 세 번이나 모른다고 부인했다. 그리고 시몬은 곧바로 예수님께서 자신이 세 번이나 당신을 부인할 것이라고 그에게 미리 하신 말씀을 떠올렸다.[5]

부활 주간 첫날 예수님의 무덤이 비어 있다는 것을 전해 듣고 그곳으로 가장 먼저 달려간 사람도 베드로이다.[6] 그는 "그리스도께서 부활하셨다."는 것을 확인하고 선포하였다. 그로부터 며칠 뒤 예수님께서 제자들 앞에 나타나셨을 때 그분은 가장 먼저 이 용감한 시몬 베드로에게 당신의 모습을 드러내셨고, 그의 배반을 용서해주셨다. 그리고 더 나아가 예수님께서는 다른 누구도 아닌 바로 그에게 이렇게 엄숙히 선포하셨다.

"너는 베드로이다. 내가 이 '반석' 위에 내 교회를 세우겠다. 나는 너에게 하늘 나라의 열쇠를 주겠다.…"[7]

바로 이 예수님의 말씀에 근거하여 가톨릭교회가 생겨났으며, 그와 더불어 교회를 이끄는 임무가 베드로에게 맡겨졌다. 이 문구는 전 세계 수많은 베드로 성인의 조각상 아래에 라틴어로(Tu es Petrus…)[8] 새겨져 있고, 로마 성 베드로 대성전의 둥근 천장 밑에도 새겨져 있다. 그리고 이 문구는 가톨릭교회의 최고 수장인 교황이 지닌 '수위권(首位權)'[9]의 근거가 되었다. 정확하게 말하자면 교황은 "베드로 사도의 후계자"이기 때문이다. 이 '수위권'이 모든 신자들에 대한 실질적인 권한을 의미하는지, 아니면 단순한 명예의 표시로 이해되는지 여부에 따라 가톨릭교회와 프로테스탄트 교회, 그리고 정교회로 갈린다.

다행히 요한 복음사가는 예수님의 이 유명한 말씀이 베드로 성인의 생애에서 진정한 운명의 전환점이 되었다고 전한다. 베드로 성인의 생애에 관하여 알려진 바가 별로 없지만, 우리가 아는 바로는 오순절, 곧 성령강림절 저녁에 그리스도교 역사상 최초의 강론을 했던 사람이 바로 베드로 성인이다. 그리고 나중에 그는 백인대장 코르넬리우스에게 할례 받을 것을 요구하지 않고 세례를 주었다. 이는 참으로 중대한 행동이었는데, 그전까지 만해도 사도들은 유다인들에게만 세례를 주었기 때문이다. 한편 바오로가 다마스쿠스로 가는 길에서 회심한 뒤 예수와 그리스도교에 관한 가르침을 받고자 찾아가 만난 이도 바로 베드로였다. 그 뒤 바오로는 예수와 그리스도교를 전하는 가장 중요한 인물이 된다.

성 베드로 대성전
이 기념비적 건축물을 세우기까지 100년 이상이 걸렸다.
율리오 2세가 1506년 4월 27일 초석을 놓았고,
우르바노 8세가 1626년 11월 18일 성전 봉헌식을 가졌다.
이는 베드로 성인의 무덤 바로 위에서 거행된 화려한 피날레였다.

겟세마니 동산
복음서를 보면 예수님께서 십자가 처형에 앞서 사도들과 함께
기도를 드린 곳으로, 예루살렘의 올리브 산 아래 자리하고 있다.

베드로는 여러 해 동안 예루살렘의 그리스도인 공동체를 이끄는 핵심 인물이 되었고, 그 뒤 야고보 사도에게 이 공동체의 지도를 맡겼다. 기원후 50년경 예루살렘에서 소집된 최초의 공의회에서, 개종하지 않은 비유다인들에게 모세의 율법을 강요해야 하는지의 여부를 논하는 문제에서 최종 결정, 다시 말해 율법을 강요해서는 안 된다고 판가름한 이도 바로 그였다.[10] 베드로는 다른 여러 그리스도인 공동체들, 특히 안티오키아의 공동체를 세웠다. 이 안티오키아에서 그는 7년 동안 머물렀고, 이어 소아시아[11]와 그리스의 코린토에도 머물렀다.

베드로가 로마에 언제 도착했는지는 정확히 알 수 없으나 기원후 60~62년경일 것으로 보인다. 이에 관한 역사학자들의 입장은 분명하다. 베드로가 로마로 와서 이 새로운 그리스도의 제자들의 신앙생활을 구축하고 조직하기에 앞서, 이미 로마에는 그리스도인들, 특히 동방에서 온 유다인들이 있었다는 것이다. 이 시기에는 아직 '로마의 주교'라는 표현도, '교황'이라는 말도 없었다. 베드로의 후계자들이 베드로의 전승과 그의 중요한 위상을 만들어낸 것은 그가 죽고도 한참 뒤의 일이다.

**성 베드로와 성 바오로의
보좌를 받는 그리스도
(유니우스 바수스 석관[12]의 부조)**
그리스도를 젊은 청년으로 그려
그분의 변치 않는 신성을
표현하였다.

교황들의 납골당
로마 산 칼리스토 카타콤바 안에 자리한 지하묘소로, 9명의 교황이 230~258년
사이 이곳에 묻히면서 '교황들의 납골당'으로 불린다.

베드로는 네로의 통치 시대에 로마에서 사망했다. 기원 후 64년 가을 로마 시를 휩쓴 끔찍한 대화재 이후인 듯하다. 네로 황제는 그리스도인들이 방화의 주범이라고 몰아붙이며 그들에 대한 탄압을 더욱 부추겼다. 베드로는 그리스도인들에 대한 마녀사냥의 상징적 희생물로 체포되어 바티칸 언덕 중턱에 자리한 전차 경기장에서 공개 처형을 당했다. 이곳은 불결한 공원과 같은 곳으로, 로마 시 외곽에 자리한 국유지 정원들에 둘러싸여 있었다. 칼리굴라 황제는 이곳에 전차 경기장을 세우고 이집트에서 약탈한 오벨리스크로 장식했다.[13] 이 오벨리스크는 오늘날 성 베드로 광장 중앙에서 볼 수 있다. 전차 경기장의 초석들 또한 이천 년 지난 지금 성 베드로 대성전 남쪽에서 찾아볼 수 있다.

한참 세월이 흐른 뒤 후대에 작성된 문헌에 따르면, 베드로 사도는 십자가에 처형될 당시 그의 스승에 대한 겸손의 표시로 거꾸로 매달리게 해달라고 요청했다고 전한다. 로마의 법은 베드로 사도의 시신이 순교지 인근에 묻히는 것을 허락했기에 그의 제자들은 그의 유해를 인근 공동묘지로 이장했다. 이 지하 공동묘지는 전차 경기장의 맞은편 언덕을 따라 길게 뻗은 로마의 대로변에 위치해 있었다. 다양한 기원과 여러 차례의 구획정리로 형성된 긴 미로와 같은 이 공동묘지는 1950년대 비오 12세 교황에 의해 발굴이 시작되면서 말끔해졌고, 전 세계 그리스도인들에게 본래의 모습을 드러냈다.

**바티칸 지하 묘지에서
발견된 묘실**

아이네이아스와 케르베르소[14] (부조)
바티칸 발굴 당시 발견된 무덤 장식 또는 돋을새김 조각품.
그리스 로마 신화의 주제와 인물이 새겨져 있다.

베드로 성인에 대한 공경은 성인 사후에 바로 일어나지는 못했고, 몇 해 뒤 오스티엔세 대로에서 참수된 바오로 성인에 대한 공경과 함께 이루어졌다. 로마 제국 시대의 그리스도인들은 박해를 받는 소수민에 지나지 않았다. 성인을 기리는 화려한 예식을 올릴 수도, 또 보란 듯한 기념비도 세울 수 없는 시대였다! 로마의 첫 주교의 유해를 잘 보존하고자 베드로의 두 번째 후계자 아나클레토는 바위를 파서 궤 모양의 유골함을 만들게 하고 그 안에 성인의 유해를 모셨다. 좀 더 뒤인 제피리누스 교황(199~217) 시대에 가이우스라는 사제가 로마 교회의 "창설자들"인 베드로와 바오로의 무덤이 각각 바티칸 언덕과 오스티엔세 대로 위에 모셔져 있다고 확언하였는데, 바로 이 오스티아로 가는 길 위에 성 바오로 대성전이 세워진다.

역사가들은 베드로와 바오로의 유해가 258년 그리스도인들에 대한 박해가 일어났을 때 '카타콤바'로 옮겨져 숨겨졌을 것으로 보고 있다. 그리고 로마가 평온해지자 두 사도의 유해는 공경을 받던 원래의 장소로 각각 되돌아가, 바오로 성인의 유해는 오스티아로 가는 도로변 작은 지하묘소에, 베드로 성인의 유해는 바티칸 언덕의 오래된 공동묘지에 안장되었다.

콘스탄티누스 황제는 313년 그리스도교를 국교로 공인하고 나서, 이 바티칸 언덕 위에, 다시 말해 베드로의 제자들이 마련한 낡은 이교인 공동묘지 위에 로마의 첫 주교를 기리는 대성전을 세울 생각을 했다.

이 건축물은 그 규모와 조화로움과 웅장함 때문에 당대 사람들의 찬사를 한 몸에 받았다. 1000년이 지난 뒤 교황 율리오 2세[15]는 이 건물을 허물고 그 자리에 베드로 성인의 무덤과 수직방향으로 지금의 대성전을 짓는다. 오늘날 성 베드로 대성전을 찾는 관광객과 순례객들은 세계에서 가장 유명한 이 종교 건축물을 둘러보며, 베르니니의 인상적인 작품, 곧 나선형으로 꼰 네 기둥을 쉽게 만날 수 있다. 이 네 기둥은 성 베드로 대성전의 중앙 제대 아래 베드로 사도의 유해가 모셔져 있음을 나타내는 표시이다.

지안 로렌초 베르니니 (또는 카발리에레 베르니니)
(1598년 나폴리 출생~1680년 로마 사망) 조각가, 건축가, 화가 '제2의 미켈란젤로'라는 별명을 지녔다.

베르니니의 닫집〔발다키노〕[16]
교황 제대[17] 위에 29미터 높이로
자리하고 있으며 베드로 성인의
고백의 제대 전체를 뒤덮고 있다.

사실 2세기 말에 이르러서야 교회의 수장들은 베드로 사도의 무덤과 관련된 불분명하고 때로는 비밀에 부쳐진 과거를 정리하기 시작했다. 또한 바로 이 무렵, 베드로와 바오로 사도가 교회의 공동 창설자이며 이 두 사도가 알려진 바가 별로 없는 리노라는 이에게 교황직을 물려주었다는 사실을 공표했다. 그때까지 그리스도인들은 막연한 합의체의 지도를 받아왔는데, 정치적 위험과 신학적 논쟁이 일어나면서 단독적이면서도 널리 인정받는 수장이 필요하게 된 것이다. 리노 교황 이후 교황직은 아나클레토와 클레멘스로 승계되었다. 클레멘스 교황[18]은 사도들과 같은 시대를 살았던 마지막 교황이다. 이어서 에바리스토, 알렉산데르, 식스토, 텔레스포로, 히지노, 비오, 아니체토, 소테르, 엘레우테리오 교황이 교황직을 승계했다. 바로 이 12명의 로마 주교들이 "사도로부터 이어오는" 긴 사슬의 첫 고리이다. 교황직은 곧 베드로 사도와 직접 이어져야 한다는 승계의 원칙을 지닌 것이다. 또한 바로 이 시기부터 신자들은, 전 세계 그리스도인 공동체들 가운데 가장 크고 가장 오래된 공동체인 로마를 관할하는 로마 주교가 교회의 중심이 된다고 생각하기 시작했다.

이러한 전통은 오늘날까지도 아무 마찰 없이 이어져, 현대의 교황들이 어째서 다른 무엇보다 '로마의 주교들'이고, 왜 마땅히 '베드로 사도의 후계자들'이어야 하는지를 설명해준다. 아울러 이를 통해 우리는 베드로 사도가 당대에는 교황이라는 이름으로 불리지 않았으나 어째서 역사상 최초의 '교황'인지도 알 수 있다.

리노 교황
로마 주교, 성 베드로의 후계자
기원후 13년경 에투리아
(지금의 토스카나)에서 태어났다.
베드로 성인의 무덤 곁에
묻혔을 것으로 보인다.

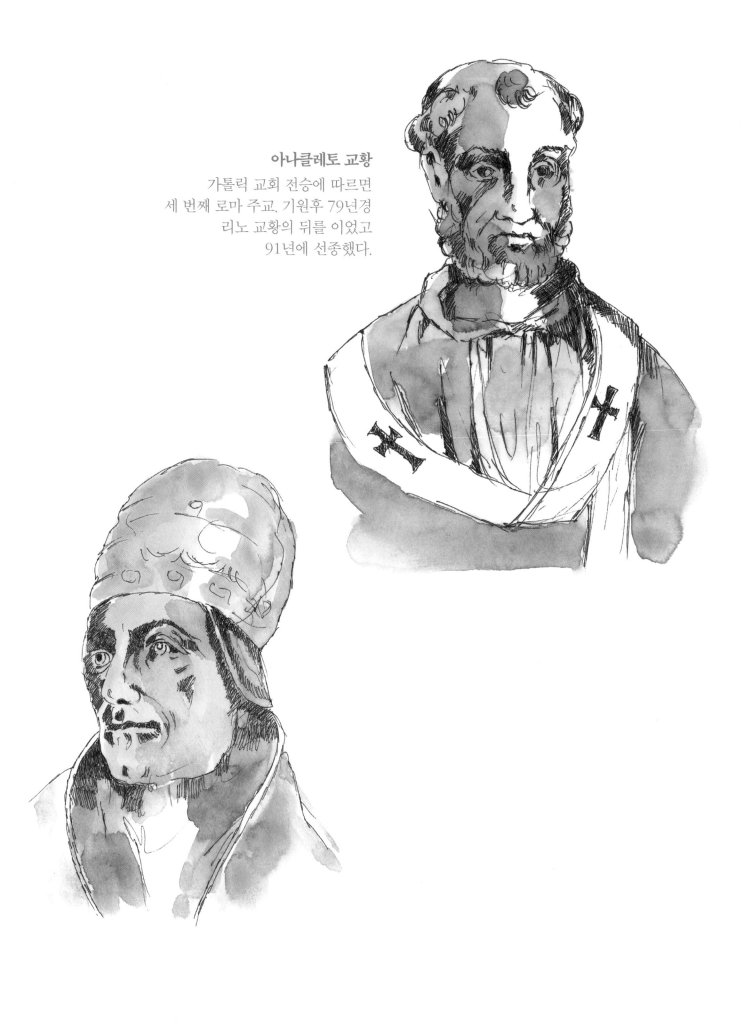

아나클레토 교황
가톨릭 교회 전승에 따르면
세 번째 로마 주교. 기원후 79년경
리노 교황의 뒤를 이었고
91년에 선종했다.

콘스탄티누스 개선문

높이 21미터, 가로 25미터, 세로 7미터.
코린트 양식과 다양한 조각품들로
풍요롭게 장식되어 있다.
4세기 초 콘스탄티누스가 막센티우스 황제와
벌인 싸움에서 거둔 승리를 기념하고자
세운 것으로 콜로세움과 팔라티노
언덕 사이에 자리하고 있다.
이 개선문을 시작으로, 로마 황제들이
승리를 거두고 로마로 돌아올 때 지났던
개선가도(Via Triumphalis)가 펼쳐진다.

제 2 장

대 레오 교황
"결정은 로마가 한다!"

교황 식스토 3세[19]가 서거한 440년 8월 19일 교황 제도가 새롭게 바뀌었다. 이제는 그리스도인들이 더 이상 로마 제국의 수도에서 익명의 존재로 지냈던 초대 공동체의 시대가 아니었고 그리스도의 제자들이 수없이 순교했던 박해의 시대도 지나갔다! 이제 가톨릭교회는 널리 인정받는 권력, 두려움의 대상인 권력이 되었을 뿐만 아니라 로마 제국의 쇠퇴와 함께 몰락의 위기에 몰린 빗나간 정치권력을 대신할 정도가 되었다.

313년 콘스탄티누스 황제가 그리스도교를 '합법화'했을 때 세계의 질서가 뒤바뀌었고, 그로부터 10년 뒤 황제는 당시 지중해 전역을 아우르고 시리아에서 갈리아[20] 그리고 영국에 이르는 방대한 제국의 국교로 그리스도교를 공인했다.[21] 콘스탄티누스 황제는 로마 그리스도인들의 새로운 보호자로서 그들이 성무(聖務)를 다할 수 있도록 라테라노 지역에 대성당을 마련해주었고, 바티칸 언덕에도 베드로 사도에게 합당한 경배를 드릴 수 있는 장엄한 대성당을 지어주었다. 이렇게 수십 년 동안 로마는 그리스도교 신앙의 인장(印章)이 새겨진 건축물들로 둘러싸였으며, 그 화려함에 걸맞게 그리스도인 공동체들 가운데 으뜸의 자격을 갖추게 되었다.

그러나 이 새로운 지위 때문에 그리스도교는 황제의 권력과 위험한 충돌을 하게 된다. 먼저, 로마 그리스도인들의 신앙은 사회 순응주의라는 의심을 받았다. 이교인들과 유다인들은 공직에 오를 자격이 없었기에 사람들의 개종이 모두 진심에서 비롯된 것은 아니었다. 또한 과거에 박해받던 이들이 이제는 유력 인사들이 되었고, 수많은 교황과 주교들이 복음의 가치들과 거리가 먼 독점적이고 지배적인 지위를 누리고 있었다. 끝으로, 콘스탄티누스 황제를 비롯하여 여러 황제들은 스스로를 동서방을 아우른 모든 그리스도인 공동체의 진정한 수장으로 여겼다.

한 세기 동안 교황직은, 교회의 토대가 된 공의회들(그 가운데 325년 니케아 공의회에서 지금의 사도신경이 비롯되었다)과 힘겹게 진압된 이단들(특히 아리우스주의[22] 때문에 교회는 삼위일체의 교리를 정립했다)이 두드려대는 박자에 맞추어 요란한 춤을 추면서 약진했다. 그럼에도 되풀이되는 두 가지 근본 문제를 해결하지 못했으니, 바로 다른 주교들에 대한 '사도좌'의 수위성 인정과, 로마 교황의 권위에 대한 동방 교회들(콘스탄티노플, 안티오키아, 알렉산드리아 교회)의 순명이었다.

교황 식스토 3세의 선종은 교회의 수장에게 공포의 시작을 알리는 신호였다. 왜냐하면 당시 라벤나를 수도로 삼은 황제 발렌티아누스 3세가 집권하면서 황제의 권력이 약화되었고, 반달족, 훈노족, 서고트족, 프랑크족, 게르만족이 로마 제국을 사방에서 침략했기 때문이다. 야만족을 물리치는 것이 가장 시급한 일이었기에 선종한 교황의 후임자로 예정된 레오 대부제(大副祭)[23]는 곧바로 갈리아 지방에 사절로 파견되었다. 황제는 그에게 제국의 두 지도자인 아에티우스[24]와 알비누스[25]를 찾아가 두 사람을 화해시켜줄 것을 요청했다. 이 두 사람의 싸움이 침략자들에게 어부지리의 이득을 안겨줄 위험이 있었기 때문이다. 레오 대부제는 뛰어난 외교 감각으로 유명했고, 그의 명성과 평판은 만인의 인정을 받고 있었다.

레오는 로마에서 토스카나 출신의 부모 아래 태어나, 이미 여러 차례 중재자로서 재능은 물론이고 굳센 기백을 보여주었다. 때는 430년이었다. 교회가 방대한 지적 논쟁과 위험한 신학적 대립을 겪었던 이 시기, 콘스탄티노플 주교 네스토리우스 총대주교가 전파한 네스토리우스 이단이 감추고 있는 바를 교황 첼레스티노 1세에게 설명할 유능한 인재 몇몇이 필요했다. 네스토리우스에 따르면, 마리아는 그리스도의 어머니일뿐 "천주의 모친"은 아니었다. 마리아는 인간 예수만을 낳았지 하느님의 아들을 낳은 것은 아니라는 것이었다. 이러한 주장으로 네스토리우스는 431년 에페소 공의회에서 단죄되어 아라비아 반도의 오지로 추방되었다.

라테라노 세례당
이 팔각형의 세례당은 중세 초기
모든 세례당의 모델이 되었다.
훨씬 뒤에 로마 대성전인 라테라노
성 요한 대성전과 합쳐지면서
지금은 그 부속건물이 되었다.

라테라노 성 요한 대성전

로마 주교(교황)의 주교좌 대성당인 4개의
로마 대성전[26] 가운데 하나로, 교황청에 속한다.
성 요한 대성전은 '로마와 전세계 모든 성당의
어머니요 으뜸'으로 여겨진다.

성 바오로

성 베드로

436년, 교황 식스토 3세는 당시 널리 퍼져 있던 또 다른 이단 펠라기우스주의에 맞서 그가 의연하게 대처할 수 있도록 해줄 영향력 있는 사람이 필요했다. 영국 출신의 설교자 펠라기우스는, 자유로운 존재로 태어난 인간이 오직 그 자신을 구원하는 주인이라고 생각했다. 따라서 구원은 하느님의 은총을 통해서가 아니라, 가난하고 금욕적으로 살아가고자 하는 인간의 노력을 통해 온다고 보았다. 그러나 이러한 노력은 보통 사람들의 능력으로 이루기엔 힘든 것이었다. 이 시기 교회는 이 같은 큰 문제들을 떠안게 되었고 이후 여러 세기 동안 갈등이 계속되었는데, 이 논쟁을 진정시킬 비범한 인물들 가운데 한 사람이 바로 레오 교황이었다.

440년 9월 29일 갈리아에서 돌아온 바로 그날 즉위한 레오 교황은 무엇보다 먼저 그리스도교를 약화시키는 이단들에 맞선 싸움을 이어나갔다. 신임 교황은 또한 교회의 일치를 위협하는 또 다른 두 이단 마니교[27]와 프리실리아누스파[28]와 싸웠다. 마니교는 한 세기 전에 페르시아의 설교자 마니가 창시한 종파로 그리스도교의 귀족주의적 변형이었고, 프리실리아누스파는 스페인에서 생겨난 비정통 교리로 그리스도교를 너무 엄격하게 실천하도록 한 나머지 그리스도의 인성을 잃었다. 교회는 이단들과 맞서 싸우면서 신학 논쟁을 통해 교리를 굳게 다져나갔다. 신학 논쟁은 이단자로 고발된 자의 축출이나 참수로 종결되곤 하였다.

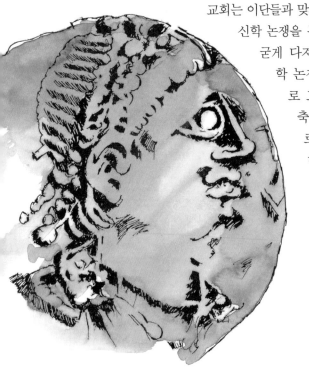

그러나 대 레오 교황이 역사 속에 길이 남은 이유는 또 다른 신학적 싸움 때문이다. 448년 레오 교황은 「콘스탄티노플의 플라비아노 총대주교에게 보낸 교의 서한」에서 플라비아노에게 그리스도의 두 가지 본성, 곧 신성과 인성을 구분하는 것은 잘못이고, 예수는 동일한 하나의 본성 안에서 '하느님이면서 인간'이라고 힘주어 설명하였다. 반면에 예수는 무엇보다 먼저 하느님이며, 따라서 여느 사람들과 같은 사람일 수 없다고 여기는 이러한 경향은 그리스도 단성론[29]으로 불리게 된다. 레오 교황의 주도로 단성론은 448년 콘스탄티노플 교회회의에서 단죄되었으나 동방 교회에서는 꽤 오랫동안 지속된다.

손수 96편의 설교와 143편의 서한을 작성할 정도로 방대한 규모의 지적, 사목적 위업을 펼친 레오 교황은 당시 혼란을 겪는 교회에 든든한 기둥 역할을 하였고, 그 결과 1300년이 지난 1754년 교황 베네딕토 14세는 그를 '교회학자'[30]로 공식 선언했다.

한편 레오 1세 교황은 지적으로만 위대한 인물이 아니라, 정치적으로도 뛰어난 교황이었다. 그는 아를 대교구와 같은 일부 서방 교회의 대교구들과 특히 콘스탄티노플의 신흥 도시가 '사도좌'의 보유자로서 로마 교황이 지닌 수위권을 존중하도록 하는 데 힘을 쏟았다. 당시 콘스탄티노플은 예루살렘이나 안티오키아, 알렉산드리아처럼 본래부터 총대주교좌는 아니었고 로마처럼 제국의 수도였다. 레오 교황에게 베드로 사도는 실질적으로 교회가 세워진 '바위'였고, '사도들의 수장'이었다. 바로 이 베드로 사도를 통하여 로마 교회 또한 '왕 다운 사제의 도성', '세상의 맏이'가 되었던 것이다!

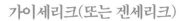

가이세리크(또는 겐세리크)

반달족의 족장으로 399년 발라톤 호숫가에서 출생하여 477년 1월 25일 카르타고에서 사망했다. 그가 죽자 반달 왕국은 비잔틴 제국의 점령으로 붕괴되고 만다.

레오 1세 교황은 그 당시 맹위를 떨치던 이단들과, 로마의 맞수였던 여러 총대주교좌에 맞서 싸웠을 뿐만 아니라, 452년에는 아틸라[31]와 직접 대적했다! 바로 그해 이 이민족의 왕이 이끄는 군대가 수만의 전차와 병거, 군마와 막사를 대동하고 북이탈리아를 약탈하며 공포에 떨게 만들었다. 아틸라가 로마를 포위하려고 들자 교황은 대규모의 외교단을 보내어 훈족의 수장과 롬바르디아에서 회담을 가졌다. 아틸라는 그의 진영에서 오랜 만찬을 갖는 동안 거룩한 도시에 피해를 주지 않고 다뉴브강 쪽으로 물러나는 데에 동의했다.

그러나 455년 북아프리카에서 군대를 이끌고 온 반달족[32]의 우두머리 가이세리크와는 첫 대면부터 좋지 않았다. 가이세리크는 가톨릭 신자들을 혐오하는 아리우스주의 신봉자였다. 레오 교황은 아틸라에게 했던 것처럼 로마 성곽 밖으로 그를 만나러 갔으나 로마를 약탈하지 않겠다고 설득시키지는 못했다. 가이세리크는 적어도 절대 로마에 불을 지르거나 시민들을 학살하지 않겠다는 조건은 받아들였다. 이 정도도 그리 나쁜 것은 아니었다. 레오 1세는 21년의 재임을 마치고 461년 11월 선종하였고, 그 자신이 상속자요 계승자이기도 한 '사도들의 수장'(베드로)에게 바쳐진 위엄 있는 대성전에 묻힌 최초의 교황이 되었다. 맨 처음 그의 시신이 묻힌 곳은 성 베드로 대성전 정문 아래였으나 200년이 지난 뒤 그의 유해는 성전 내부로 이장되었다. 신학적 위업과 빛나는 외교술, 뛰어난 통솔력을 지녔던 그는 과연 후대에 '위대한(大) 레오'라고 불릴 만한 교황이었다.

콘스탄티노플의 플라비아노[33]
대 레오 교황이 449년 6월 보낸
서한(「토무스 앗 플라비아눔」)[34]의 수신인.

제 3 장

대 그레고리오 교황
유럽을 창안한 수도승

그레고리오 1세도 대 레오 교황처럼 이름에 "위대한(大)"이라는 경칭이 붙는다. 중세 시대에 널리 보급된 종교 서적과 상본을 보면 대 그레고리오 교황은 단연 뛰어난 인물로 그려져 있다. 위엄을 갖춘 왕의 모습으로, 머리에는 삼중관을 쓰고 손에는 성경을 들고 있으며, 성령을 상징하는 비둘기에게 영감을 받는 모습을 하고 있다. 외교관과 총독, 그리고 수도승을 거쳐 교황이 된 그레고리오 1세는 당시 실추된 로마 교황직의 명예를 회복한 탁월한 개혁가로 평가받는다.

그레고리오 교황은 540년경 펠릭스 3세 교황과 일부 성인을 배출한 부유한 원로원 가문에서 태어났다. 훌륭한 고등 교육을 받은 젊은 그레고리오는 573년에 로마 시의 총독이 되었다. 33세에 불과했던 그에게는 남다른 인생의 행로가 예정되어 있었다. 그러나 부친이 사망하자 이 뛰어난 인물은 돌연 수도승이 되기로 결심한다. 첼리오 언덕에 자리한 자기 집안의 저택을 수도원으로 개축하여 안드레아 성인을 수호성인으로 모시는 수도 공동체를 설립하였고, 유산으로 상속받은 시칠리아 섬의 토지 일부에 6개의 수도원을 새로 세웠다.

그러나 당시 교황인 펠라지오 2세는 이 뛰어난 인물이 수도원 담장 안에서 건강을 잃어가며 재능을 썩히도록 그냥 내버려두지 않았다. 펠라지오 2세는 교황 직권으로 그레고리오를 부제로 임명하였고, 콘스탄티노플의 동로마 황제에게 '교황 대리인', 곧 로마 교황의 개인 대변인으로 파견했다. 이렇게 하여 그레고리오는 콘스탄티노플에서 몇 해를 보내며 더없이 유능한 인물이 되었다. 동로마 궁정에서 6년을 보낸 뒤 로마에 돌아왔을 때 그는 동방 교회의 총대주교들이 로마 주교에게 순명하지 않는 비잔틴의 미묘한 전통(이는 300년 전부터 되풀이된 논쟁이었다)에 익숙해 있었으나 베드로와 바오로 두 성인으로부터 이어온 사도전승의 "수위권"을 옹호했다.

590년 로마는 지옥을 맛보았다. 당시 로마는 랑고바르드족[35]의 침략으로 위협을 받았고, 엄청난 대홍수로 테베레 강이 범람하면서 심각한 피해를 입었다. 여기에 페스트까지 창궐하여 로마 도시 전체를 휩쓸었다. 불운한 교황 펠라지오 2세도 이 전염병으로 목숨을 잃었다. 당시 수도승 그레고리오는 교황의 탁월한 고문이었다. 깊은 애도 속에서 로마의 시민들과 성직자들은 만장일치로 그레고리오를 선종한 교황의 후계자로 임명했다. 이는 그레고리오 자신의 뜻에 반하는 것이었기에 그는 황제에게 자신은 수도생활을 선택했다며 거부 의사를 밝혔으나 소용이 없었다. 황제는 그의 의사를 물리쳤다. 그리하여 그레고리오는 역사상 최초의 수도회 출신 교황이 되었던 것이다!

펠라지오 2세

520년 로마에서 태어나
579년에서 590년까지 교황직을 지냈다.
그는 병자들과 노인들의 교황이었다.
특수한 가정환경에 놓인 일부 사제들의
혼인을 용인해준 것으로 유명하다.
590년 2월 8일 당시
테베레 강의 홍수로 로마에 창궐한
'유스티니아누스 페스트'[36]로 사망했다.

당시 로마 제국은, 멀리 떨어진 콘스탄티노플은 물론이고 카리스마가 전혀 없는 황제들의 통솔 아래 쇠퇴해가고 있었다. 이집트에서 갈리아에 이르기까지 붕괴되어가는 세속 사회와 군사 조직을 주교들이 모두 보완해야 했다. 너무도 자주 주교들은 행정가, 사업가, 심지어 전쟁의 사령관이 되어야 했다. 신임 교황은 로마에서 보화와 같은 그의 재능과 힘을 발휘하여 로마 시민들, 특히 가난한 이들과 수많은 난민들에게 보급품을 제공했다.

그레고리오 교황은 로마 제국이 당면한 중대하고 시급한 문제들을 해결하는 한편, '성 베드로의 유산'을 정비해 나갔다. 이탈리아 전역과 다른 지역들, 곧 프로방스와 발칸반도, 시칠리아, 사르데냐 등에 널리 분포된 사도좌 소유의 모든 토지와 부동산들을 다시 모았다. 그는 직접 책임자들을 임명했고 유산 관리를 감독했다. 그레고리오 1세는 행정가였던 과거의 경험을 되살려 이들 영토의 정치적, 경제적 조직을 확고히 다져나갔다. 후대에 이 영토들은 교황령이 된다.

성녀 아녜스 성당

나보나 광장에 위치해 있으며,
베르니니의 4대강 분수[37]를 마주하고 있다.
1세기에 지어진 도미티아누스 황제의 경기장
폐허 위에 터를 잡은 이 성당의 기념비적 건축장식은
1652년경 프란체스코 보로미니[38]가 맡았다.

예전에 총독을 지내기도 했던 그레고리오 교황은 깊은 영성 생활을 하는 목자이기도 했다. 성경이 예고하는 '종말'을 깊이 염려하며 때가 임박했다고 믿었던 그였기에 허투루 보낼 시간이 없었다. 그는 또한 열정적인 개혁가로서 교회에 헌신하였는데, 교회가 파국적인 운명에 처해 있다고 생각했다. 591년에 그레고리오 교황은 이러한 글을 남겼다. "나는 이 세상의 거친 풍랑에 이리저리 흔들리며 자리를 지키고 있다. 파도가 너무도 거세 이 낡고 헐어 빠진 배(교회)를 항구로 인도할 능력이 내게는 없다는 생각이 든다. 거센 파도가 앞에서 밀려오기도 하고, 거대한 물살이 배의 측면에서 튀어 오르기도 하며, 또 어떤 때에는 미친 듯이 날뛰는 바다가 뒤에서 우리를 쫓아오기도 한다. (…) 우리가 헤쳐 나가야 하는 끔찍한 폭풍 속에서 썩어가는 갑판은 삐거덕 소리를 내며 조난을 예고하고 있다!" 예전에 관상 수도자였던 그는 자신의 처지를 두고 이렇게 탄식했다. "나는 눈물을 흘리며 평온한 얼굴을 그리듯 잃어버린 휴식을 떠 올려본다…."

그러나 회한에 잠길 때가 아니라 행동할 때였다. 그레고리오 교황은 방치되어온 교구들의 교계 제도를 체계적으로 정비하였고, 곳곳에서 성직자의 규율을 회복하도록 했다. 특히 주교들을 위해 4권으로 된 『사목 지침서』(Règle du pasteur)를 반포했다. 이 책은 시대를 거듭하여 재간행되고 권위를 지니게 된다. 한편, 그레고리오 교황은 수도자들에게도 관심을 기울였고, 그의 대화집에서 특히 서방 수도회의 아버지, 누르시아의 성 베네딕토의 생애를 조명했다. 윤리와 신학을 두루 겸비한 그는 여러 강론집과 주해서를 저술하여, '교회학자'의 칭호를 받을 만했다. 더욱이 그는 사후에 시성된 뒤 "위대한(大)"이라는 칭호를 받으면서, 고명한 성인들인 암브로시오, 아우구스티노, 예로니모와 함께 서방 교회의 4대 '교부'가 되었다.

그레고리오 교황은 무엇보다 먼저 서방의 후견인 역할을 하고 있음을 잊지 않았다. 또한 그는 595년 모리스 황제에게 보내는 서한에서, 그가 속한 대륙을 처음으로 "유럽"이라 불렀다. 아프리카와 스페인, 갈리아 지방(주교들이 이곳 공동체의 자치권을 몹시 질투하고 있었다)과 특히 영국에서 그리스도인 공동체를 회복하려는 계획을 실행했다. 영국에는 친히 그가 창설한 성 안드레아 수도원의 수도승 40여 명을 수도원장 아우구스티노의 지도 아래 파견하기도 했다. 아우구스티노는 597년에 켄트 왕국의 수도 캔터베리의 첫 주교가 되었는데, 이 도시는 나중에 영국 교회의 본산지가 된다.

캔터베리의 아우구스티노

6세기 초에 로마에서 태어나 604년 잉글랜드의 켄트에서 선종했다. 베네딕토회 수사로 대 그레고리오 교황에 의해 영국의 복음화를 위해 파견되었다. 잉글랜드 최초의 주교가 되었고, 이어 캔터베리 주교좌의 대주교가 되었다.

그레고리오 교황에게 잉글랜드의 복음화가 이렇게 중요했던 것은, 나중에 위대한 보니파시오 성인[39]의 경우처럼 '앵글로색슨족' 선교사들을 통하여 라인 강 저편 외교인들[40]의 땅을 복음화할 수 있었기 때문이면서도, 그에 못지 않게 로마 교황이 독자적으로 거둔 결실이기 때문이었다. 교회의 서방 국경이 한 세기 이전부터 대대적인 침략으로 황폐화된 것을 걱정하던 참에, 그레고리오 교황은 동방 그리스도교 지도자들의 거만함에 맞서 로마 '주교'의 수위권을 내세웠던 것이다. 다시 말해, 베드로 성인의 적통 계승자인 로마 교황과는 달리, 콘스탄티노플의 총대주교좌는 '교회일치적'이지도 않고, '보편적'이지도 않다는 점을 끊임없이 강조했던 것이다!

604년에 끝이 난 눈부신 통치 뒤에 역설적이지만 이 위대한 교황과 맞지 않는 말이 남았다. 그레고리오 교황이 당시 전례 음악을 발전시킨 것은 사실이지만, 그 덕분에 '그레고리오 성가'가 생겨났다는 말은 잘못이다. 그레고리오 성가는 그의 사후 100년이 지난 뒤에야 비로소 서방 수도회에서 생겨났기 때문이다.

4대강 분수
나보나 광장에 자리하고 있으며 인노첸시오 10세 교황의 명령을 받은 베르니니의 작품으로, 1648~1651년 사이 성녀 아녜스 성당 건축에 앞서 세워졌다.

성모 마리아(산타 마리아 마조레) 대성전[41]

로마 그리스도교 예술에서 중요한 이정표와 같은 건축물로,
그 내부에는 나폴레옹의 누이 폴린느 보나파르트의
무덤이 있는 폴린느(보르게시아나) 경당이 있다.
중세 때 세운 대성전의 종탑은 높이가 75미터로
로마에서 가장 높다.

제 4 장

인노첸시오 3세 교황
세상의 중심에 있는 교황직

37세라니! 교황으로서 너무 젊지 않은가! 1198년 1월 8일 첼리스티노 3세의 후임을 선출하고자 모인 추기경들은 망설였다. 그러나 명망 높은 신학자요 저명한 작가였던 탁월한 세니 추기경을 어떻게 뽑지 않을 수 있으랴? 반세기 동안 교회를 끌어온 나이 많은 4명의 고위 성직자들보다 그가 낫지 않은가? 확실히 젊은 로타리오 데 세니는 누구보다 정직하고 학식이 높아, 제도 교회의 희망과 미래를 구현할 인물이었다. 그리하여 세 번째 비밀투표에서 추기경들은 만장일치로 그를 뽑았다.

이름(로타리오[Lothario])으로 보면 게르만 계통이지만 부계(부친은 세니 백작)와 모계(스코티 가문의 로마 분파)로는 이탈리아인인 장래의 인노첸시오 3세는 교황권의 보호 아래 성장했다. 그의 집안은 교황과 매우 밀접한 관계였다. 뿐만 아니라, 게르만족 황제의 권력, 더 일반적으로 보면 모든 세속 권력에 대해 조상 대대로 불신을 갖고 있었다. 당시 가톨릭교회가 당면한 중대한 문제는 이제는 별로 대수롭지 않게 된 비잔틴 제국이나 1054년 관계를 단절한 동방 교회와의 적대 관계가 아니라, 샤를마뉴의 대관식[42] 이후 서방의 황제나 왕들과 맺어온 모호한 관계였다. 가톨릭교회가 공식적으로는 그들에게 정신적인 수위권을 행사하고 있었지만, 정세의 변화에 따라 그들의 봉주, 속국 또는 경쟁 상대였고, 이 때문에 수많은 정치적, 군사적 갈등이 초래되면서 교회는 복음의 순수함에서 급작스럽게 멀어졌다.

젊은 로타리오 데 세니는 학문연구에도 탁월했다. 그의 시대는 수도승의 모범적인 삶이나 영적 부유함만으로 교회의 수장이 될 수 있는 시대가 더 이상 아니었다. 이제는 기초 문헌들과 신학, 전례, 수사학, 교회법을 공부해야 했고, 그뿐 아니라 중대한 논쟁을 주도하기 위해서는 논리학과 같은 '자유 과목'[43]과 천문학과 같은 '자연의 신비'도 익혀야 했다. 장차 그레고리오 8세[44]가 되는 막강한 알베르토 데 모라 추기경의 보호를 받으며 로타리오는 당시 근대 학문과 사상의 수도인 파리에서 10년 동안 지냈다. 이때 위그 드 생빅토르, 피에르 드 코르베이, 에티엔 랑통, 로베르 드 쿠르송과 같은 당대 위대한 석학들 곁에서 학문을 익혔다.

로타리오 데 세니,
장래의 인노첸시오 3세 교황

뛰어나고 학식이 깊으며 훌륭한 가문 출신인 그는 교계에서도 여러 단계를 뛰어넘어 29살에 부추기경이 되었다. 이제 이론상으로 베드로 성인의 계승권을 주장할 수 있었다. 증언에 따르면 작은 체구에도 기품이 있었고, 훌륭한 설교자로서 반드시 갖추어야 할, 울림이 좋은 목소리를 지니고 있었다고 한다. 명망 높은 신학자요 저명한 작가인 그는 이미 『인간 조건의 비참함』, 『미사의 신비』 등을 저술하여 높은 명성을 누렸다. 그의 책을 읽거나 그와 대화를 나눈 사람들은 누구나 그의 성숙한 정신과 영혼의 힘, 타협할 줄 모르는 강경함, 자연스럽게 우러나오는 권위에 놀라곤 했다. 이렇게 고유한 개성을 지닌 로타리오 추기경이 인노첸시오 3세 교황이 되었는데 여느 교황들과 같을 수 있었겠는가!

새 교황이 되어 그가 로마에서 가장 먼저 시작한 일은, 부패로 쇠락하고 로마식 사치에서 헤어나지 못하는 교황청의 도덕성을 높이는 것이었다. 인노첸시오 3세는 프랑스 부르고뉴 지방에서 청빈함이 몸에 밴 트라피스트회 수사 몇 사람을 로마로 초빙하여 교황청이 사치와 무절제를 물리치는 데 도움을 받도록 했다. 이와 동시에 그는 로마를 끝없는 음모와 내전으로부터 끌어냈다. 제국의 수많은 관리들을 교체했고, 명문가들 사이의 반목과 대립의 온상이던 집정관직을 폐지했으며, 돈으로 얼룩진 관리 임명을 금지했다. 인노첸시오 3세는 자신의 가문을 포함하여 족벌주의와 특혜인사를 근절하지는 못했지만 로마를 평정했다. 물론 이 과정에서 충돌이나 반발이 없지 않았다. 1205년에는 성난 로마인들 때문에 어쩔 수 없이 로마 동쪽에 위치한 팔레스트리나로 피신하여 그곳에서 지내기도 했다. 그는 18년의 재위 동안 로마의 발전을 가로막는 내부 다툼을 근절하는 결실을 거두었다.

성 베드로 대성당 돔 상단부〔지붕〕
미켈란젤로가 설계하고 그의 사후
건축가 지아코모 델라 포르타[45]가
완공했다.

인노첸시오 3세는 로마 밖으로는 서방 국제 사회에 보편적인 지배권을 행사하는 정치 지도자로 나섰다. 독일 황제 하인리히 6세의 후계자 선정이라는 힘든 과정에 개입하는가 하면, 프랑스의 존엄왕 필립[46]과 새로운 영국의 국왕인 실지왕(失地王) 존[47] 사이에서 중재 역할도 맡았다. 또한 불가리아, 폴란드, 아르메니아, 알바니아, 세르비아, 발트 제국[48] 등과 동맹을 맺기도 했다. 그러나 이들과의 관계는 언제나 종교적인 것이었다. 존엄왕 필립의 이혼과 관련해서도 마찬가지였는데, 그는 종교적으로 완고한 태도로 이혼을 막았다! 타협적이지 않은 새 교황은 교회법은 타협의 대상이 될 수 없다고 생각하여, 왕과 황제들을 포함한 모든 세속 권력은 반드시 교회법의 적용을 받아야 한다고 보았다.

인노첸시오 3세에게 양보는 없었다! 교황으로 선출되자마자 그가 단행한 첫 번째 큰 계획은 별로 신앙적이지 못한 영웅적 무훈[49]으로 파국을 맞게 된다. 그 시대의 모든 교황들이 그랬던 것처럼 그 또한 당시 터키인들의 지배 아래 있던 예루살렘을 되찾고자 했다. 그러나 때가 좋지 않았다. 독일 황제 하인리히 6세가 서거한 지 얼마되지 않았고, 프랑스와 영국의 국왕은 전쟁 중이었으며, 비잔틴의 황제도 그의 총독들에 맞서 싸움을 벌이고 있던 것이다. 인노첸시오 3세는 제4차 십자군 원정을 제창할 사람이 바로 자신이라고 여겼고, 이러한 계획을 위해 교회의 모든 재산에 세금을 부과했다. 결과적으로 주교들 사이에서도 반발하는 이들이 생겨났다.

2년 동안 인노첸시오 3세는 프랑크 기사들과 하급 귀족들을 맘껏 동원했다. 보두앵 드 플랑드르[50]와 티보 드 샹파뉴[51]가 성전기사단과 구호기사단의 군사 조직에 배속되어 그들을 이끌었다. 인노첸시오 3세는 자신의 계획을 실행에 옮기고자 1199년 튜턴 기사단을 받아들였다. 교황은 그의 십자군 원정 계획이 종교적이라고 여겼으나 그 계획은 완전히 그의 의도에서 벗어나고 말았다. "그리스도교 영토가 아닌 곳은 침범하지 않는다"는 그의 명령과는 정반대로, 십자군은 그의 말을 따르지 않고 1204년 베네치아 공화국과 협약을 맺어 콘스탄티노플을 점령하여 야만족처럼 약탈하였고, 그곳에 라틴 총대주교[52]를 세우기까지 했던 것이다! 정교회는 그토록 파렴치한 짓을 저지른 가톨릭교회를 두고두고 용서하지 못했다.

콜론나 바르베리니 궁
로마 현 팔레스트리나에 있다.
포르투나 프리미제니아 신전 위에 지어진
이 궁전의 기원은 9세기로 거슬러 올라간다.
15세기에 재건축되어 1630년 우르바노 8세[53] 교황의
형제인 카를로 바르베리니[54]에게 양도되었다.

이 엄청난 혼란으로 성지(聖地)를 회복하겠다는 새로운 계획이 한동안 중단되자, 인노첸시오 3세는 십자군의 개념을 바꾸어, 당시 그리스도교 세계의 서쪽에서 확산되고 있던 두 이단을 향해 십자군 진군의 방향을 돌렸다. 두 이단 가운데 하나는 발도파[55]로, 이들은 속죄하는 평신도들로서 성경을 순전히 대중(서민)의 언어[56]로 읽으면서 교계에 자문을 구하지 않았다. 또 다른 이단은 프랑스 남부에 깊이 뿌리를 내린 카타리파[57]로, 급진적인 영성주의와 엄격한 금욕을 실천하며 '완전함'(그리스어로 '카타로스' [katharos])에 가까워지고자 했다.

인노첸시오 3세는 온갖 방법을 동원하여 재앙이라고 여기는 것은 예외 없이 모두 근절하고자 했다. 1199년 칙서(Vergentius in senium)를 통해, 프랑스 랑그도크 지방에서 "알비파"라고 불리던 카타리 분파들을 근절하는 조치를 강화했다. 그 시대의 눈으로 보면 이들은 사형에 처함이 마땅했다. "그러니 그리스도의 군사들이여 일어나라! 그리스도 군대의 불굴의 용병들이여 일어나라!" 그의 후임자들은 30년이 더 지난 뒤 바로 그러한 냉엄한 근거를 내세워 이단자들을 근절하고자 세속 권력을 끌어들였다. 고문과 화형을 제도화하여 이단자들에게 가장 끔찍한 신체 형벌을 가하게 하였으니, 어떤 의미에서 인노첸시오 3세는 종교 재판을 만들어낸 간접적 창시자라 할 수 있다.

한편 현명한 판단력도 지녔던 인노첸시오 3세는 프랑스의 아키텐 지역과 론강 계곡, 아라곤 지방, 롬바르디아 지방에서 발도파나 카타리파들이 금욕적이고 청빈한 생활로 선량한 사람들을 매료시키고 있다는 것 또한 잘 알고 있었다. 그들의 생활은 당시 너무 비도덕적이고 부적합했던, 그 지역의 공식 교계 소속인들의 생활보다 훨씬 복음적 가치에 가까웠다. 1206년 교황은 카타리파의 땅으로 수도승들을 파견하여, 말씀과 모범으로(verbo et exemplo) 설교하도록 했다. 이들은 그리스도를 본받아 그들 소유의 재산도 지니지 않았고 옷도 소박하게 입었다. 이 탁발 설교자들 가운데 한 사람인 구스만의 도미니코[58]는 나중에 도미니코회를 창설하게 된다. 1210년에는 아씨시의 프란치스코[59]와 그의 동료들이 교황에게 프란치스코회의 설립 인가를 받았다. '설교자' 형제들과 '작은' 형제들로 불리는 '탁발 수도자들'인 이 두 수도회는 크게 성장한다. 더구나 교회는 아씨시의 프란치스코와 구스만의 도미니코를 매우 이른 시기인 1228년과 1234년에 각각 시성했다.

구스만의 도미니코(엘 그레코 작)
스페인 부르고스에서 80km 떨어진
옛 카스티야 지방 칼레루에가에서 태어났다.
청빈을 내세우며 1216년에 설교자회
('도미니코회'라는 이름으로 더 잘 알려진)를 설립했다.
이 수도회는 볼로냐, 파리, 툴루즈, 옥스퍼드, 쾰른 등
큰 대학도시에서 빠르게 자리를 잡았다. 도미니코는
1221년 8월 6일 선종했고, 1234년 7월 3일
교황 그레고리오 9세에 의해 시성되었다.

하나의 계획이 또 다른 계획을 밀어냈다. 1215년 인노 첸시오 3세는 교회가 세상의 중심에 있음을 보여주려는 듯 제4차 라테라노 공의회를 소집했다. 이 공의회에 3명의 총대주교와 72명의 수석 주교[60], 336명의 주교, 800명의 수도회 장상들, 그리고 대부분의 왕과 황제의 사절들이 참석했다. 참으로 진기록이었다! 이 공의회는 이단 단죄를 비롯하여 부활절 영성체 배령의 의무에 이르기까지 중대한 당면 문제들을 모두 해결하고자 했다. 이 제4차 라테란 공의회는 중세 시대를 통틀어 가장 규모가 큰 그리스도인 공동체의 회의였다.

그의 시대를 연구한 어느 연대기 학자는 인노첸시오 3세를 두고 "그 시대에 필적할 이가 없는 막강한 거물"이었다고 기술했다. 그는 1216년 선종할 때까지 교회의 수위성과 보편성, 단일성과 권위를 반드시 지켜낸다는 자신의 목표를 실현했다. 실제로 그의 교황 재임 동안 교회는 주교들과 지역 교회들의 희생 속에서 그 어느 때보다 훨씬 중앙집권적이 되었다. 이제는 오직 교황만이 "그리스도의 대리자"의 자격이 있었다. 좋든 싫든간에 이 새로운 권력 균형이 중세 사회 한가운데 자리를 잡았으며, 이는 중앙집권적이고 위압적인 새로운 나라, 곧 가톨릭교회에 도움이 되는 것이었다.

트라야누스 기념 원주

트라야누스 황제[61]가 다키아인들[62]과의 전쟁에서 승리한 것을 기념하고자 107년에서 113년 사이 세운 로마의 개선 기둥이다. 원주는 도리아 양식으로 높이 40미터 이상이며 내부는 비어 있다. 카라라산 대리석 60여 조각으로 만들어져 무게가 1000톤이나 되며 라파엘과 그의 문하생들이 이를 상세히 연구했다. 내부의 나선형 계단을 통해 원주의 꼭대기로 올라갈 수 있으며, 꼭대기에는 양손에 창과 구를 든 트라야누스 황제의 조각상이 장식되어 있었다.[63]

카피톨리노 광장

로마의 가장 아름다운 광장 가운데 하나로,
미켈란젤로가 교황 바오로 3세의
제안을 받아 설계했다. 미켈란젤로가
세나토리오 궁의 정면을 재설계
하였고, 기념비적인 계단(코르도
나타 카피톨리나[64])을 만들었다.
이 계단 상단에는 각각 틴다레
오스[65]와 제우스의 아들들로,
이부(異父)형제이며
반신(半神)인 카스토르와
폴룩스 석상이 우뚝 서 있다.

제 5 장

바오로 3세 교황
르네상스에서 교회 개혁의 시대로

때는 1534년 10월. 200년 전부터 가톨릭교회는 붕괴될 위험 속에 끔찍한 시련을 겪어왔다. 1309년부터 교황청은 프랑스 국경의 아비뇽으로 유수를 당했다.[66] 그러나 희한하게도 이렇게 로마(당시에는 전쟁과 약탈이 지배하던 도시)에서 멀리 있게 되면서 오히려 그리스도인들에 대한 교황의 통치가 온전히 이루어졌다. 이 시기에 정치, 지식, 행정, 세제 등의 제도가 갖추어졌기 때문이다. 역설적이게도 1378년 교황청이 로마로 돌아 왔을 때 일대 혼란이 빚어지면서 콘클라베[67]는 연이어 2명의 교황을 선출하는 아귀다툼의 장이 되고 말았다. 추기경들은 4월에는 통제불능의 우르바노 6세를, 이어 10월에는 야심찬 클레멘스 7세를 교황으로 선출했다. 상호 파문과 서로에 대한 정치군사적 술책으로 빚어진 "서방 교회의 대분열"이라는 이 초유의 사태로 교회도 유럽도 모두 갈라졌다. 1408년 추기경들은 피사에서 공의회를 열고 앞의 다른 두 교황이 사임하지 않은 상태에서 세 번째 교황으로 알렉산데르 5세를 임명했다! 1414년에는 콘스탄츠 공의회를 소집하여 교황과 대립 교황들을 모두 배제하고 마침내 마르티노 5세 교황을 선출했다.[68] 다소 힘겨웠으나 마르티노 5세 교황은 로마 주교의 위엄과 교황직의 권위를 회복했다.

그러나 또 다른 도덕적 위기가 교황령에 휘몰아쳤다. 당시 교황령은 보르지아, 메디치, 델라 로베레 등 명문가의 손에 좌지우지되며, 지나치게 부유한 나라가 되어 있었다. 이들 명문가의 사생활은 장안의 화제였고, 그들의 주요 관심사가 늘 영성적인 것은 아니었다. 교황들도 연루된 여러 추문과 로마를 무대로 하여 펼쳐진 돈 잔치들, 서방 세계에 국수주의가 증대되면서(이는 대체로 교황청의 권위에 반대하는 서방 국가들의 공통된 입장과 연관이 있었다) 교회 내부에서도 비판의 움직임이 일어났고, 1517년 독일인 수사 마르틴 루터가 제창한 '종교 개혁'이 호소력을 얻기에 이르렀다. 이 종교 개혁의 열풍 속에 유럽의 절반이 뜨겁게 달아올랐고, 루터주의(북유럽), 칼뱅주의(제네바), 성공회(영국) 등 여러 형태의 프로테스탄트 교파들이 생겨났다. 이 '종교 개혁'으로 인해 그리스도교 전체가 와해되는 것을 막아준 것은 바로 서방 군주국들 사이의 역동적인 동맹 관계, 교황청이 막 펼치기 시작한 외교 수완, 그리고 유럽의 국경에 몰려드는 이슬람의 위협이었다!

성 바오로 대성전 (산 파올로 푸오리 레 무라 〔성 밖의 성 바오로〕)

이 대성당은 313년 콘스탄티누스 황제에 의해 바오로 성인이 묻힌 무덤 자리에 건립되었고, 324년 실베스테르 교황에 의해 축성되었다. 1823년 7월 화재로 파괴되었다가 레오 13세 교황에 의해 복원되어 오늘에 이르고 있다.

마르틴 루터

1483년 작센 주 아이슬레벤에서 태어나 1546년 사망한 루터는 아우구스티노회 수사로 신학자였다가 프로테스탄트 사제가 되었다. 교황의 권위에 도전하다 1521년 파문되었다. 독일 제국으로부터 추방되었으나 작센 주의 선제후(選帝侯)[69] 프리드리히 3세의 보호를 받았다. 루터는 요하네스 구텐베르크의 협력 속에 성경을 번역하고 그의 글 대부분을 출판하게 된다.

1534년 10월 13일, 알렉산드로 파르네세는 67세의 나이로 바오로 3세 교황이 되었다. 그 또한 빗나간 정치와 도덕이 지배하는 시대의 산물이었다. 먼저 그는 로마의 저명한 가문들 가운데 하나인 파르네세 집안 출신이었다. 이는 그가 최고 수준의 교육을 받았다는 것을 의미한다. 특히 그는 피렌체에서 "대인(大人, Il Magnifico)"이라 불린 당대 최고 후원자인 은행가 로렌초 데 메디치 곁에서 수학했다. 파르네세 또한 젊은 시절 위험한 결탁을 하여 실비아 루피니라는 여인과 부부처럼 살았다. 1493년 교황 알렉산데르 6세 보르지아에 의해 부제급 추기경이 되었을 때에는 슬하에 4명의 자녀도 있었다. 그런데 알렉산데르 6세 교황의 정부가 다름 아닌 그의 누이 줄리아 파르네세였다! 이 때문에 장래의 교황 바오로 3세는 성 베드로좌의 로비에서 "치맛바람 추기경"이라는 고약한 별명을 듣기도 했다.

1509년 교황 율리오 2세의 뜻에 따라 파르마의 주교가 되자, 파르네세는 자신의 사생활을 정리하고 다시 독신이 되었으며, 여생을 교회에 봉헌하기로 결심한다.

로렌초 데 메디치
별칭 "대인(大人) 로렌초"
(피렌체, 1449~1492)
정치인으로 피렌체 공화국의
실질적인 통치자였으며, 르네상스의
이상을 가장 훌륭하게 재현한 인물로 손꼽힌다.

파르네제는 그의 경험과 뛰어난 판단력을 인정받아 오스티아의 주교급 추기경이 되었고, 추기경단의 단장을 지냈으며, 메디치 가문 출신의 교황 클레멘스 7세에 의해 후계자로 지명되었다. 클레멘스 7세가 선종하자 파르네제 추기경은 콘클라베에서 37인 추기경들의 만장일치로 교황으로 선출되었다.

과연 바오로 3세는 예전의 무분별한 생활에서 벗어났을까? 완전히 그렇지는 않았다. 새 교황은 수입이 좋은 혜택은 버리지 않았고, 주변의 친족들을 등용하는 것도 꺼리지 않았다. 어린 두 손자 알렉산드로(14세)와 귀도(16세)를 추기경으로 임명하기까지 했다! 바오로 3세는 무도회와 잔치를 즐기하여 사치도 돈도 물리치지 않았다. 그러나 그는 르네상스 시대에 걸맞은 교황답게 당대의 예술가, 문인, 학자들을 폭넓게 기용했다. 특히 로마시에 위엄 있는 파르네제 궁을 짓게 했다. 오늘날 이 건물은 이탈리아 주재 프랑스 대사관으로 사용되고 있다. 바오로 3세는 미켈란젤로를 등용하여 성 베드로 대성전의 신축 공사를 계속하도록 했고, 유명한 프레스코화 〈최후의 심판〉을 완성하여 시스티나 성당을 장식하도록 했다. 천문학자 니콜라우스 코페르니쿠스는 바오로 3세에게 그의 유명한 논문 「천구의 회전에 관하여」를 헌정했다. 100여 년이 훨씬 지난 후대에 갈릴레이가 종교 재판을 받았던 것과는 달리, 코페르니쿠스는 교황으로 부터 아무런 제재도 받지 않았다.[70]

니콜라우스 코페르니쿠스

1473년 폴란드 토룬에서 태어나
1543년 프롬보르크에서 사망했다.
폴란드 출신의 참사회 회원, 의사,
천문학자로, 지동설(지구가 태양 주변을
돈다는 이론)을 지지하고 발전시켰다.

바오로 3세는 축제와 예술, 그리고 학문을 선호하면서도, 그 시대 교회가 직면한 두 가지 심각한 도전을 간과하지 않았다. 첫 번째 도전은 이슬람 세력의 위협이었다. 수많은 그의 전임자들이 그랬던 것처럼, 그의 첫 구상은 서방의 그리스도교 국가들에게 유럽을 끊임없이 괴롭히는 오스만 터키에 맞서 싸우라고 요청하는 것이었다. 그러나 당대의 두 "대인(大人)" 카를 5세와 프랑수아 1세의 싸움 앞에서는 불가능한 일이었다. 게다가 프랑수아 1세는 술탄과 한때 동맹을 맺기도 했다! 서로 전쟁 중인 두 군주 사이에서 중립을 유지하기를 바랐기에 교황은 옴짝달싹할 수 없었다. 불운한 교황은 영국 왕 헨리 8세에게 기대려 했으나 더욱 신뢰를 잃고 말았다. 혼인의 이유로 그를 파문한 것이 성공회의 이교(離敎)를 초래했기 때문이다. 이러한 상황에서 십자군 정신을 부활시키는 것은 어려운 일이었다.

더욱 심각했던 두 번째 도전은 바로 프로테스탄트의 성장이었다. 교황권에 반대하는 루터의 비판이 차츰 힘을 얻으면서 교회를 불안정하게 만드는 존재가 되었다. 바오로 3세는 교황령의 근본적인 개혁을 단행하되, 이에 앞서 내부의 규율을 복원해야 한다는 것을 알고 있었다. 바로 개방의 정신에서 그는 종교재판의 사법 제도를 성성(聖省)으로 변경하였는데, 이는 나중에 성청이 된다. 한편 수많은 수도회의 창설을 도모하였는데, 특별히 예수회의 창설은 바오로 3세가 직접 독려했다. 바오로 3세는 또한 1537년의 칙서를 통해 노예제도를 단죄했다. 그러나 당시 제후들이 이를 수용하는 데에는 많은 어려움이 있었다.

미켈란젤로 디 로도비코 부오나로티 시모니 (약칭: 미켈란젤로)

1475년 3월 6일 카프레제에서 태어나
1564년 2월 18일 로마에서 사망한
미켈란젤로는 후기 르네상스 시대의
화가이며 조각가, 시인, 건축가,
도시 계획가이다.

시스티나 성당 천장화

예언자들(이사야〔왼편 위〕와
에제키엘〔오른쪽 아래〕) 습작
시스티나 성당 천장화

65

율리오 2세 교황 초상화(라파엘로 산치오〔약칭: 라파엘로〕작)

바오로 3세는 선출 직후부터 당면한 문제들을 모두 해결할 보편 공의회를 소집하겠다는 원대한 구상을 품었다. 교황청 소속 추기경들의 안위가 뒤흔들리고, 그리스도교 나라 제후들이 주저하더라도 반드시 공의회를 소집하겠다는 생각이었다. 1536년부터 신임 교황은 준비위원회를 구성하였는데, 위원회는 교회의 빗나가고 지나친 처신에 대한 매우 비판적이고 충격적인 보고서를 마련하였다. 이 보고서가 도화선이 되어 장차 열릴 공의회[71]의 논쟁의 근거가 되었다. 그러나 프랑스와 신성 로마 제국 사이의 전쟁으로 이 회합은 소집되지 못했고, 여러 차례 연기되었다. 두 강대국이 크레피 평화조약을 맺은 뒤에야 비로소 1545년 12월 13일 이탈리아와 독일 국경에 위치한 트리엔트에서 공의회가 소집될 수 있었다.

이 공의회는 바오로 3세가 주관한 것이 아니라 교황 특사들(이들 가운데 두 사람은 장차 율리오 3세와 마르첼로 2세 교황이 된다)이 주관하였고, 규율과 관련한 문제들을 다룰 것이라 예견되었다. 그러나 실제로는 사목적, 교리적 측면에서 모든 문제를 다루었다. 교회가 이때만큼 철저한 준비와 논의를 통해 개혁하고, 규정을 세우고, 교령을 반포하고, 결단을 내린 공의회는 일찍이 없었다. 열띤 공의회 회기(총 25회)는 자주 중단되었으나 1545~1549년[72], 1551~1552년[73], 그리고 1562~1563년[74] 등 무려 18년 동안 3차의 회기에 걸쳐 열렸다.

모세 상

1513~1515년경 완성된 미켈란젤로의 작품으로, 산 피에트로 인 빈콜리 성당[75]에 있는 율리오 2세 무덤 장식이다.

성녀 아녜스 성당(산타네제 인 아고네 성당)의 쿠폴라
이 성당은 바로크 양식으로, 인노첸시오 10세 교황의 요청에 따라
1652년 건축가 지롤라모 라이날디가 아들 카를로 라이날디와 함께 지었고
1657년에 프란체스코 보로미니가 완공했다. 나보나 광장에서 베르니니가
조각한 4대강 분수를 마주하고 있다.

바오로 3세는 그의 위업이 결실을 맺는 것은 보지 못했다. 1549년 퀴리날레 궁에서 그는 향년 82세로 선종했다. 한편 트리엔트 공의회는 전대미문의 오랜 개혁의 과업을 마치고 바오르 3세의 선종 후 14년이 지난 뒤에야 폐막된다. 이 놀라운 쇄신의 위업은 지난하다 싶을 정도로 오랜 시간이 걸렸으나, 공의회가 진행되는 동안 교회는 수많은 옛 교리를 명확히 하고, 새 규정들을 셀 수 없이 만들었다. 그 가운데 원죄, 성체성사, 보속, 구원의 조건, 종부성사, 성품성사, 연옥, 성인 공경, 금서목록, 주교의 역할, 주임 사제의 역할, 신학생 등에 관한 규정을 꼽을 수 있다.

바오로 3세 교황 덕분에, 그리고 프로테스탄트 분리의 압박 속에서 가톨릭 교회는 여러 해 동안 신학, 교리, 사목에 관한 이례적인 문헌들을 마련했다. 이후 이 작업은 1870년에 중단된 제1차 바티칸 공의회를 제외하면 약 500년 동안 지속되었고, 이는 역사상 유례가 없는 것이었다!

피에타 상
미켈란젤로의 처녀작
(24세 때의 작품)으로
예수의 시신을 두 손에
안고 있는 성모 마리아를
표현한 대리석 조각 작품이다.

산탄젤로 성[76]

자신의 영묘 축조를 원했던 하드리아누스 황제의 뜻에 따라 135년에 지어진 산탄젤로
성은 교황청 인근 테베레 강 좌안에 위치해 있다. 오랫동안 교황의
은신용 요새(때로는 감옥)로 사용되었다. 클레멘스 7세 교황도 1527년
카를 5세가 로마를 침략하여 함락했을 때 이곳에서 여섯 달 동안 저항했다.

제 6 장

비오 7세 교황
나폴레옹을 파문한 교황

　1800년 3월, 키아라몬티 추기경이 교황으로 선출되던 순간은 교회의 오랜 역사상 가장 극적인 순간 가운데 하나였다. 당시에는 교황령이 존재하지 않았기 때문이다. 연로한 교황 비오 6세는 바티칸에서 멀리 떨어진 프랑스 남부 발랑스에서 1799년 8월 선종했고, 그의 시신은 그를 로마에서 끌고 온 프랑스 총재 정부의 군인들에 의해 아무런 장례 예식조차 없이 공동묘지 구덩이에 던져졌다. 이 사건을 두고 프랑스 대혁명의 대변인들은 유럽의 대다수 여론이기라도 한 것처럼 "마지막 교황을 매장했다"고 보고했다.

　독실한 가톨릭 신자인 오스트리아 황제[77]의 보호 아래, 추기경단 단장인 요크 공작 추기경을 중심으로 30여 명의 추기경들이 베네치아에 모였고, 1799년 11월 30일 콘클라베를 구성했다. 그들은 베네치아의 산 조르지오 마조레 수도원에서 교회의 새 수장을 뽑을 때까지 결코 나오지 않았다. 그리고 마침내 넉 달이 지난 뒤 선출된 교황은 상징적으로 '비오 7세'라는 이름을 선택했다. 이는 그가 스스로 불운한 선임자 비오 6세를 계승하고 있음을 만방에 천명하기 위한 것이었다.

비오 7세

역사의 우연처럼 당시 58세였던 루이지 바르나바 키아라몬티는 비오 6세와 동향인으로 에밀리아로마냐 주(州) 체세나 출신이었다. 지방 귀족 출신으로 고등 교육을 받은 그는 베네딕토회 수사가 되기로 결심했다. 신심 깊은 그의 모친은 수도원의 석회벽 담장 안의 불편한 수실에 은거하는 아들을 보았을 때, 그가 교황이 되어 "가혹한 고통을 겪게 되리라"는 환시를 보았다.

실제로 이 "그레고리오 형제"(그레고리오는 그의 수도 명이었다)는 수실에 오래 머물지 않았다. 수도회는 당대 사상의 흐름을 알고 싶어 하는 그를 저명한 신학 교수로 만들었다. 그는 매우 진보적인 디드로 백과사전파에도 속해 있었다. 그 뒤 그는 티볼리의 주교가 되었고, 이어 이몰라의 대주교가 되었다. 개방적이면서 이해심이 많은 이 수도승은 시대를 앞서 있었으니, 사람들에게 온전하게 "착한 그리스도인이면서 선한 민주주의자"가 될 수 있다고 설파했다.

교황으로 선출되자마자 신임 교황은 로마로 되돌아가기로 결심했다. 때는 나폴리 공국의 국왕이 프랑스 점령자들에게서 로마 시를 되찾은 직후였다. 4명의 추기경과 그의 젊고 뛰어난 국무원장 에르콜레 콘살비의 수행을 받으며 비오 7세는 교황령을 회복하고 행정, 재정, 세제 면에서 교황청을 근대화했다. 모든 추기경들이 이러한 변화를 호의적으로 바라본 것은 아니었지만 로마 시민들은 그들의 도시가 활력과 안정을 되찾는 것을 보며 기뻐했다.

에르콜레 콘살비[78]
비오 7세 때의 국무원장

그러니 이러한 로마의 부흥을 방해하는 사람이 있었으니 그가 바로 나폴레옹이다. 1798년 이탈리아 원정 때 교황령을 빼앗은 이 '꼬마 하사관'[79]은 1799년 제1통령이 되었다. 혁명의 회오리가 휩쓸고 지나자 그는 프랑스인들을 화해시키기 위해 "프랑스에 종교를 회복하겠다는" 야망을 품었다. 그러나 이는 순전히 사욕을 채우기 위한 것이었고, 그 자신의 방식대로였다. 곧 그는 "교회의 만딸"[80]과 가톨릭교회의 수장 사이의 관계를 새롭게 규정하는 정교조약을 체결하고자 교황의 서명을 받아내고자 했다. 그것도 아무런 의논도 없이! 물론 교황은 이 프랑스인의 뜻을 따르지 않겠다는 것을 그에게 알렸다.

이것은 두 사람 사이에 계속될 오랜 힘겨루기의 시작이었다. 비오 7세는 나폴레옹이 협상을 받아들이게 하여 타협에 이르렀다. 곧 가톨릭이 공식적으로 "프랑스 시민 대다수의 종교"임을 수용하게 한 것이다. 그러나 이러한 협약은 스스로 황제의 왕관을 쓰기로 작정한 나폴레옹의 발아래 무참히 깨졌다.

나폴레옹 황제

파리 노트르담 대성당[81]

1804년 나폴레옹은 비오 7세에게 황제 대관식을 거행하기 위해서 자신이 베드로 후계자의 자리를 맡을 것이며, 이를 따르지 않는다면 크게 실망하게 될 것이라고 엄포를 놓았다! 나폴레옹의 위협을 로마에서는 심각하게 받아들였다. 비오 7세는 지체 없이 이에 응하여 파리로 향했다. 그해 12월 2일, 대관식이 있던 날 나폴레옹 황제는 노트르담 대성당의 제대 곁에 앉아 추위 속에서 한 시간 반 동안 교황을 기다렸다. 그러고 나서 결정적인 순간에 왕관을 자신이 직접 쓰겠다고 교황에게 말했던 것이다! 나폴레옹 앞에서 모욕을 당한 비오 7세는 이후 계속 수모를 겪어야 했고, 1805년 성주간을 앞두고서야 비로소 로마로 돌아올 수 있었다. 나폴레옹은 교황이 대중들로부터 받는 인기에 불안감을 느끼며 자신의 수도 파리에서 교황이 부활절을 기념하는 것을 원치 않았기 때문이었다.

불운한 비오 7세는 나폴레옹에게 끊임없이 괴롭힘을 받았다. 1806년 1월 나폴레옹은 오스트리아와 러시아와의 전쟁에서 승리를 거두며 아우스터리츠에서 돌아온 뒤,[82] 자신을 "로마의 황제"로 칭하고, 교황에게는 "군주"의 지위를 부여하였다. 교황이 나폴레옹의 신하가 된 것이었다! 물론 이 새로운 속국이 따라야 할 의무 가운데 가장 작은 의무는 교회의 수장은 황제가 외세와 전쟁을 벌일 때 반드시 황제를 지지해야 한다는 것이었다. 이것은 나폴레옹이 봉쇄령을 내린 잉글랜드부터 적용되었다. 나폴레옹은 교황에게 이렇게 편지를 썼다.

"교황 성하는 로마의 군주이고, 나는 로마의 황제입니다. 따라서 나의 모든 적은 교황 성하의 적이 되어야 합니다!"

비오 7세는 곧바로 매우 단호하게 거부 의사를 알렸고,

나폴레옹은 폭발했다. 그는 모든 영국인과 러시아인, 그 밖에 적국의 모든 거류민을 로마에서 추방하고, 교황령 안의 모든 항구를 프랑스 제국의 모든 적들에게 폐쇄하라고 강요했다. 나폴레옹은 그가 파견한 대사인 페쉬 추기경에게 보낸 서한에서 더욱 노골적으로 밝혔다. "교황에게 내가 샤를마뉴 대제[83]이고, 교회의 검이며, 교회의 황제라는 것을 분명히 전하시오! 그리고 만일 교황이 내 뜻에 동의하지 않으면 그를 샤를마뉴 대제 이전과 같은 처지로 돌려놓겠다고 말하시오!"

1808년 2월 2일, 나폴레옹 황제의 군대가 로마를 무력으로 점령했다. 무기력했던 로마 군대는 강제로 프랑스 군대에 편입되었다. 교황청의 근위대도 체포되어 투옥되었다. 6월 나폴레옹은 로마가 프랑스 제국에 최종 병합된다고 선포하였다. 영원한 도성이 이제 '테베레 강 하구'라는 한 도(道)의 평범한 도청 소재지가 되는 거였다! 쇠약한 교황은 교황청을 거주지로 지정받았다. 1809년 6월 10일 프랑스인들은 산탄젤로 성에 프랑스 삼색기를 게양하고 축포를 터트리며 교황령이 프랑스에 최종 병합되었음을 선포하는 황제령을 공표했다. 이러한 사실을 통보받자 비오 7세는 그의 서랍에서 파문 칙서를 꺼내어 이를 저녁기도 시간에 맞춰 로마의 주요 대성전 앞에 붙이게 했다. 교황의 파문 칙서가 겨눈 첫번째 과녁은 나폴레옹 황제였고, 이는 그가 보기에 도가 지나친 조치였다. 1809년 5~6일 밤사이 프랑스 기병대장 라데는 로마인 혁명분자 몇 사람을 이끌고 교황궁의 문들을 도끼로 부수고 들어가 교황을 침소에서 난폭하게 끌어내었다.

비오 7세는 옹색하고 불편한 마차에 태워져 피렌체의 샤르트르 수도원까지 끌려갔다. 그곳에 갇히자 교황은 자신이 비오 6세가 10년 전에 수난을 겪었던 바로 그곳에 와 있음을 알게 되었다. 이는 불길한 전조였다. 이어 교황은 점점 더 병세가 악화되는 가운데 제노바 근처 사보나[84]까지 끌려갔고, 그곳에서 3년 이상을 더 머물렀다. 이렇게 역사는 되풀이되고 있었다.

바르나바 키아라몬티는 수도원에 갇힌 고된 생활로 지치면서도 굴복하지 않았지만 그의 건강은 점점 악화되어 갔다. 1812년 6월 9일 나폴레옹 황제는 교황이 매우 쇠약한 상태였음에도 억지로 퐁텐블로로 오게 하여 신(新) 정교 조약에 서명하게 했다. 그것은 프랑스인들의 황제인 자신의 보호 아래 온 교회를 두겠다는 내용이었다. 비오 7세는 서명했지만 이내 이를 번복하였다. 황제는 화가 났으나 러시아 전투의 패배로 상처를 입으면서 1814년 봄 교황이 로마로 되돌아가도록 내버려둘 수밖에 없었다. 그리고 워털루 전쟁[85]에서 나폴레옹이 패하면서 비오 7세는 제국 국민들의 분노와 빈 회의[86]에서 비로소 자신의 피난처를 찾은 느낌이었다. 교황은 주요 열강들과 교황령을 회복하는 협상을 가졌다. 이 협상을 맡은 국무원장 추기경은 다름 아닌 천재 콘살비였으니, 나폴레옹이 그를 경질하도록 조치했으나 결국 무위로 끝난 것이다.

당시 비오 7세의 나이는 72세였다. 그는 아홉 해를 더 살았다. 그의 교황직 말기에는 중요한 결정들이 많이 이루어졌다. 이는 이 현명하고 근대적인 교황이 비록 그토록 오랫동안 나폴레옹 때문에 운신의 폭이 좁았음에도 시대의 교황이 될 수 있었음을 보여준다. 그는 1773년에 해산된 예수회를 복권시켰고, 프리메이슨 단을 금지했으며, 러시아 정교회와 프로이센 프로테스탄트들과 협약을 맺었다. 또한 라틴 아메리카 독립 전쟁에서 교황청의 중립성을 강조했다. 비오 7세가 세상에 그의 개방성과 위대한 영혼을 보여준 눈부신 사례를 꼽자면 다음을 기억하는 것으로 충분할 것이다. 프랑스 제국의 몰락 뒤에 비오 7세는 나폴레옹에게 조금도 원한을 품지 않고, 그의 모친인 마리아 레티지아 보나파르트에게 로마로 피신하도록 조치했으니!

산탄젤로 성의 회랑
그레고리오 7세는 1083년 산탄젤로 성으로 피신하여 신성로마제국의 황제 헨리4세에 저항했고, 1277년에는 니콜라오 3세가 교황청과 이 성을 연결하는 통로를 만들어 유사시 신속히 피신할 수 있도록 했다.

성 베드로 광장

시대가 바뀌면서 브라만테,[87] 미켈란젤로, 베르니니
같은 건축가들이 계획안을 내놓았던 성 베드로 광장은
성 베드로 대성전 앞에 위치한 큰 광장으로
바로크 시대의 영감과 건축의 산물이다.
이 광장은 알렉산데르 7세 교황이 베르니니에게
요청하여 건설되었다. 베르니니는 4줄로 된
284개의 기둥과 높이 2미터가 넘는 240개의
조각품으로 이루어진 난간을 구상하고
그의 제자들에게 조각품을 하나씩 맡겼다.
광장의 중앙에는 교황청의 오벨리스크가 자리하고 있다.
이곳은 유네스코 세계문화유산으로 등재되어 있다.

제 7 장

레오 13세 교황
근대화를 선택한 교황

　1878년 2월 18일. 이탈리아 민족주의자들이 1870년 9월 로마를 점령하여 교황을 바티칸에 갇힌 '수인'으로 만든 이래 처음으로 추기경단이 모였다. 교황 선출 선거인 콘클라베가 열린 장소는 시스티나 성당, 미켈란젤로의 인상적인 프레스코화 〈최후의 심판〉 아래였다. 이와 동시에 교황궁의 복도에 즉석에서 임시 숙소들이 마련되었다. 물론 로마에서 으레 그렇듯이 수많은 이름들이 입에 오르내렸다. 그러나 확실한 교황감(papabili)이 없는 상태에서 콘클라베는 마침내 한 사람에게 집중되었다. 훤칠한 키에 무뚝뚝하고 냉철했으며, 별로 알려지진 않았으나 올바른 처신과 온건한 태도로 어려운 상황에서 조정자의 자질을 보여줄 줄 아는 사람, 바로 조아키노 페치 추기경이었다. 당시 그의 나이는 67세였고, 라티움의 카르피네토[88] 출신이었다.

　젊은 시절 페치는 당시 복권된 지 얼마 되지 않은 예수회 회원들에게 가르침을 받아 라틴어 실력이 탁월했다. 페치는 모든 것에 늘 흥미를 가지고 있어, 사제가 되지 않았다면 저널리스트가 되었을지도 모른다. 특히 그는 정치 현안에 관심을 가졌다. 사제가 된 뒤 페치는 교황청의 고위 성직자로 베네벤토[89]의 행정관으로 임명되었고, 이어 벨기에의 교황사절로 파견되었다. 이 과정에서 페치는 근대 세계를 경험했고, 런던, 쾰른, 파리를 방문하면서 유럽 전역에 확산되던 자유사상을 접했다. 그는 33살에 주교가 되었고, 1846년 페루자의 대주교로 임명되었다. 그러나 근대 문화에 지나치게 호의적이라는 의심을 받게 된 그는 비오 9세 교황의 완강한 뜻에 따라 30년 동안 페루자에 머물게 된다.

비오 9세는 이렇게 말했다. "그렇소. 그는 참으로 훌륭한 주교요. 그런데 주교답게 행동하라고 하시오!"이를 통해 페치 추기경이 1878년 콘클라베에서 유력한 후보들 가운데 물망에 오르지 않은 이유를 알 수 있다.

교황으로 선출되자, 조아키노 페치는 그의 유년 시절 교황인 레오 12세에 대한 존경의 표시로, 또 대 레오 교황을 기념하며 자신의 이름을 레오 13세라 정했다. 대 레오는 이미 5세기에, 교회 수장의 수위권이 베드로의 후계자라는 교황의 자격에 기인하는 것이지, 교황이 아무리 위엄과 정치적 지위를 지녔다 하더라도 교황좌가 있는 도시에 기인하는 것이 아님을 강조한 교황이다. 또한 비오 6세, 비오 7세, 비오 8세, 특히 비오 9세로 이어지는 계보와 확실히 구분 지으려는 뜻에서 레오 13세라는 이름을 선택했다. 전임 교황 비오 9세는 '근대주의적' 사상과 성가시고 헛되이 대립하며 교회를 이끌었고, 더욱이 1870년대 이후에는 당시 이탈리아의 신정권[90]과 어떠한 타협도 완강히 거부한 교황이었다. 비오 9세는 얼마 지나지 않아 교황궁인 퀴리날레 궁에서, 더 넓게는 교황령에서 쫓겨났다.

그러나 1870년의 사건[91]이 일어난 지 여러 해가 지났다. 통일된 세속 이탈리아에게 위협이 되는 존재는 아무도 없었고, 교황은 더더욱 그런 존재가 아니었다. 이탈리아 국회가 교황에게 관대하게 대할 수도 있었지만 대다수 국회의원들은 반교권주의자[92]였다. 그 이유는 이러했다. 비오 9세가 신자들에게 창피스러운 국가의 정치 활동에 참여하는 것을 금지하면서, 교황은 내부에서도 교회의 이익을 옹호해줄 만한 국회의원 세력을 전혀 갖지 못했던 것이다!

신임 교황은 개방적인 사람이었지만 이탈리아 정권을 향해 교황령을 이전 상태로 되돌려 놓으라는 가망 없는 요구를 하며, 남몰래 로마를 떠나기로 각오했다. 그런데 교황이 되어 어디로 간다는 말인가? 오스트리아로? 당시 프란츠 요제프[93] 황제는 능숙하면서도 신중한 태도로 이렇게 말하며 교황이 그러한 생각을 접도록 했다. "비엔나가 교황령을 거북해하여 얻을 것이 하나도 없습니다!" 그러면 역사상 가장 큰 공의회가 열렸던 도시 트리엔트로? 아니면 그리스도교가 국교이고 유럽의 중심에 위치한 "백개의 성당이 있는 도시" 잘츠부르크로? 그런데 이 알프스의 작은 도시에서 교황청과 그 행정 기관들과 축일들을 어떻게 다시 만든다는 말인가? 어쩔 수 없이 레오 13세는 계속해서 '검은' 세계와 '흰' 세계 둘로 갈라진 도시 로마에 남기로 결정한다. 여기서 흑색당은 국왕을 부득이한 선택이라 생각하며, 교황을 곧 사라질 시대착오적인 존재로 여기는 공화당원들이고, 백색당은 그리스도교 신앙과 문화에 강한 애착을 갖고 교황을 존경하고 지난날 교황령의 시대를 그리워하는 이들이다.

레오 13세는 선택의 여지가 없다는 것을 잘 알고 있었다. 그리하여 그는 이탈리아 왕국에 매우 단호한 태도를 보이면서 과거를 잊어야 했고, 교황이 왕이기도 했던 까마득히 먼 옛 시대를 포기해야만 했다. 대신 그가 할 일은 가톨릭 교회를 근대화하고, 교황령을 세계 다른 나라들에 개방하는 것이었다. 이를 위하여 그는 1887년부터 마리아노 람폴라 델 틴다로 추기경에 의지했다. 람폴라 추기경은 당시 44세로, 탁월한 외교관이며 유능한 정치가였다. 레오 13세 또한 전임자들과는 달리 많은 일을 척척 해치우는 일벌레였고, 모든 것에 관심을 갖고 국무원장에게 조금의 자유시간도 주지 않았다.

람폴라 델 틴다로 추기경

(1843~1913) 레오 13세 때의 국무원장

레오 13세는 베드로 대성전과 교황궁에만 갇혀 있는 것을 힘들어했고, 세계 다른 나라들과 계속 접촉했다. 그는 외교 분야에 노력을 아끼지 않아 지구촌 전체에, 특히 유럽에 가톨릭교회의 존재를 강화할 목적으로 매우 적극적인 정책을 펼쳤다. 또한 재상 비스마르크와 협약을 맺어 반교권주의적인 법률을 개정하고, 문화투쟁[94]을 독일 교회가 걸어가야 할 진정한 십자가의 길이 되게 했다. 레오 13세는 벨기에, 러시아, 영국과도 조약을 맺었다. 또한 교황청 대사관을 체계적으로 강화하고, 248개의 교구와 48개의 대목구나 지목구, 2개의 총대주교구를 신설했다. 미국에도 교구 28개를 새롭게 만들고, 스코틀랜드, 마그레브, 인도, 일본 등에 교계를 설치했다.

레오 13세는 공화제 국가인 프랑스를 분열시키는 뜨거운 논쟁에 적극 개입했다.[95] 당시 프랑스 가톨릭 신자들은 정치 체제의 승계 문제로 흔들리며 대거 제3공화국[96]의 지도부에 반대하여 왕당파의 편에 섰다. 레오 13세는 그들이 궁지에 몰렸다고 생각했다. 1890년 11월 알제리 대주교 라비제리 추기경의 유명한 훈화로 미리 예고되었고, 1892년 2월 불어로 반포된 회칙 〈우려와 관심 속에서〉(Inter Sollicitudines)[97]를 통해, 레오 13세는 프랑스 가톨릭신자들에게 공화정의 의회 제도를 받아들여 그 안에서 적극적인 역할을 맡고 그들의 영향력을 회복하라고 촉구했다. 프랑스 신자들 대부분이 그러한 교황의 논리에 수긍하는 열의를 보이지 않았지만, 일부 신자들은 후에 이른바 그리스도교적 민주주의의 토대를 마련하게 된다.

재상 비스마르크[98]

강복의 발코니

교황이 로마와 전세계(urbi et orbi)에 강복을 하는 장소이다. 성 베드로 광장에 운집한 신자들에게 모습을 보이는 이 강복의 발코니에 닿으려면 먼저 교황궁에서 가장 화려한 방인 살라 레지아를 가로질러 가야 한다. 이어 (일반인에게는 개방되지 않는) 바올리나 성당의 입구 오른편 문들을 지나면 성 베드로 대성전 강복의 발코니에 이르게 된다. 이 강복의 발코니 위쪽에 새겨진 문구를 보면 교황 바오로 5세 (세속명 카밀로 보르게제[Camillo Borghese])가 이 건물을 짓게 했음을 알 수 있다.

LVS·V·BVRGHESIVS·ROMA

한편 레오 13세는 교리와 사목 관련 저술을 통해 길이 남을 족적을 남겼다. 젊은 시절 글쓰기를 무척이나 좋아했던 그는 뛰어난 라틴어 실력자였으며, 일필휘지로 글을 쓰는 탁월한 문장가였다. 교황이 되자 그는 기초 문헌들 특히 20여 편의 회칙을 반포했다. 또한 교황이라면 마땅히 그렇게 해야 한다는 듯 성모 마리아와 묵주기도, 가정에 관한 글을 썼으며, 회칙 〈세속 정부에 관하여〉(*Diuturnum illud*)에서 알 수 있듯이 정치적, 사회적 사안들을 다루는 데 주저하지 않았다. 이 회칙에서 레오 13세는 민주주의 체제를 사실상 인정하도록 권고했고, 〈프리메이슨에 관하여〉(*Humanum genus*)에서는 프리메이슨을 고발하고 단죄하였으며, 〈그리스도인의 국가 건설에 관하여〉(*Immortale Dei*)에서는 공동선을 목표로 하는 정부라면 어떠한 형태이든 좋게 본다는 견해를 피력했다. 특히 예언자적 통찰이 담긴 중요 문헌 〈새로운 사태〉(*Rerum novarum*)에서 레오 13세는 사회주의를 고발했는데, 1891년 이후 수십년 동안 전개된 사회주의의 모습이 어떠할지를 적나라하게 보여주는 것이었다. 이 회칙은 20세기 내내 "교회의 사회 교리"의 초석이 되었다.

레오 13세는 당시 시대와 조금씩 유리되어가던 교황청의 보수적이고 전제적이며 반동적인 과거를 체계적으로 정리했다. 그는 천문학과 자연과학을 장려했고, 사학자들에게 역사적 사실을 두려워하지 말 것을 독려했으며, 바티칸 문서고를 학자들에게 개방했다. 그는 이성과 학문, 현실 세계와 그 안에 사는 사람들을 신뢰했다.

레오 13세는 1903년 7월 20일 93세의 나이로 선종했다. 그는 사반세기 동안 교황직에 있었다. 그보다 더 오래 재위한 교황은 그의 선임자 비오 9세뿐이었다! 그런데 이 25년 동안 레오 13세는 세상 속 교회의 이미지와 그 영향력을 완전히 바꾸어놓았다. 빈사상태에 놓인 낡은 제도가 불운한 비오 9세에 의해 파국을 면했다면, 새로운 시대의 여명기에 곳곳에서 약동하는 그리스도인 공동체가 이론의 여지없는 중심으로 다시 서게 된 것은 바로 레오 13세 덕분이다. 레오 13세가 없었다면, 과연 교회가 수십 년 뒤 20세기 내내 자신을 뒤흔들게 될 끔찍한 비극적 사건들에 맞설 수 있었겠는가?

진주 장식의 가슴 십자가
1929년 라테라노 조약 체결[99]을 기념하며 비오 11세에게 헌정됨.

바오로 6세의 은제 흙손
1975년 성문[100]을 다시 닫는 데에
상징적으로 사용됨.

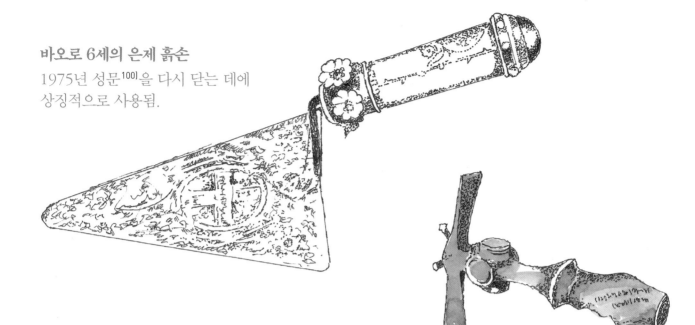

청동 망치
1975년 대희년의 시작에 앞서
1974년 성탄 전야에
성문을 여는 데 사용됨.

은제 방울 종
이스탄불 산. 요한 바오로 1세가
그리스도 정교회의 수장들에게서
받은 선물.

제 8 장

비오 11세 교황

히틀러에게 "No!"라고 말한 교황

왜 하필 그였을까? 1922년 주님 봉헌 축일(2월 6일)에 아킬레 라티(비오 11세의 본명)가 성 베드로좌에 올랐으니, 사람들의 말마따나 하느님의 계획은 헤아릴 길이 없다. 제1차 세계 대전(1914~1918) 동안 교황으로 재임했던 베네딕토 15세가 향년 68세를 일기로 폐렴으로 급작스레 서거했다. 이에 53명의 추기경들이 시스티나 성당에 모여 콘클라베를 열었다. 교황의 갑작스런 서거에 당황한 그들은 "열성파"(zelanti, 영원한 교회의 전통을 열성적으로 옹호하는 이들)와 "정략파"(politicanti, 세상의 정치 현실에 교회를 적응시키고자 노력하는 이들)로 심각하게 양분되었다. 그리고 이러한 분열은 이내 "중도주의적" 해결책을 택하는 쪽으로 가닥이 잡혔다. 그리하여 밀라노의 대주교이며 온건파인 65세의 라티 추기경이 교황으로 선출되었다. 이러한 결정은 물론 당사자를 아연실색하게 만들었다.

카스텔 간돌포

이탈리아에서 가장 아름다운 마을들 가운데 하나인 이곳에 교황궁이 자리하고 있다.
12세기 때부터 우르바노 8세가 교황의 여름 별장으로 사용했고, 이곳에서
비오 12세와 바오로 6세 등 여러 교황이 선종했다. 이곳은 라테란 조약에
의거하여 치외법권을 가지며, 요한 바오로 2세에 의해 "제2의 바티칸"이라는
별칭이 붙었다. 예수회는 1930년에 천문 관측대를 이곳으로 옮겼다.

전임 교황들과는 달리, 아킬레 라티는 로마 귀족 가문 출신이 아니었다. 그렇다고 그보다 몇 해 앞서 교황을 지낸 비오 10세처럼 농부의 아들도 아니었다. 그는 밀라노의 변두리 지역에서 소규모 직물 공장의 공장장 아들로 태어나 1879년 사제품을 받았다. 젊은 시절 아킬레는 무엇보다 학위를 많이 소지한 것에 '거드름'을 피웠다. 25세의 나이에 3개의 박사 학위[101]를 취득했으니 전례가 없는 일이었다! 높은 지적 능력을 지니고 여러 언어에 능통한 이 젊은 사제가 1888년 밀라노의 유서 깊은 암브로시오 도서관[102]에 고용되었다는 것도 그리 놀라운 일은 아니다. 더욱이 그는 암브로시오 도서관장을 지내다 바티칸 도서관 관장에 임명되었다. 독서와 연구, 고문서 필사본의 보존과 유럽 전역의 학자들과의 교류 등은 책벌레였던 그가 꿈꿔왔던 생활 바로 그 자체였다. 그러한 생활 덕분에 그는 책 다음으로 열광하는 것에 빠졌으니, 바로 등산이었다. 이 열렬한 등산가가 장차 교황이 되다니! 이탈리아 쪽 몽블랑 산자락에 위치한 에귀으 그리(aiguilles Grises, 회색 첨봉)를 통해 정상에 이르는 루트를 젊은 시절 그가 개척했다고 하여 "교황 루트"라고 부르게 될지 누가 알았겠는가!

제1차 세계 대전은 라티를 외교관으로 만들었다. 국무원은 그를 바르샤바의 교황대사로 임명하기에 앞서 폴란드와 러시아 전선으로 파견했다. 바르샤바에서 그는 대주교로 성성되었고, 폴란드인들에게 소중한 기억을 남겼다. 1920년 8월 볼셰비키 당원들이 폴란드의 수도를 포위했을 때 그는 바르샤바를 떠나지 않고 자리를 지켰던 것이다. 그 뒤 이탈리아의 가장 막강한 권한을 지닌 대교구장들 가운데 하나인 밀라노 대주교로 임명되었고, 추기경으로 서임되었다. 그렇더라도 2년 뒤에 그가 교황이 되리라고 누가 짐작이나 할 수 있었겠는가!

사람들이 가장 먼저 놀라워한 것은 신임 교황이 그의 이름을 "비오 11세"로 정한 것이었다. 이는 비오 6세, 비오 7세, 비오 9세와 비오 10세의 정신을 계승한다는 뜻이었다. 이들은 앞선 200년 동안 온갖 정치적, 사회적 격변에 직면했던 교황들이기 때문이다. 두 번째로 사람들이 놀란 것은 신임 교황이 로마와 전세계에 내리는 그의 첫 교황 강복을 성 베드로 광장을 향한 강복의 발코니에서 한다는 결정이었다. 이는 이탈리아 민족주의자들이 로마를 점령한 1870년 이래 교황들이 스스로를 "교황청의 수인들"로 여기며 성 베드로 대성전 내부에서만 공공연히 강론과 담화를 발표했던 것과는 확연히 다른 모습이었다. 이러한 비오 11세의 대담한 행보는 역사적으로 또 다른 과감한 단행을 예고하는 것이었다. 그는 이탈리아 정부와 화해(이탈리아어로 'conciliazione')를 모색하였고, 결국 이탈리아 정부는 바티칸 시국의 탄생을 받아들였다. 비록 바티칸의 영토는 불과 44 헥타르[103]로, 그 옛날 교황령과는 비교가 되지 않았지만 이로써 로마 교회가 명실공히 국제무대에 존재할 수 있게 되었다.

비오 11세는 로마 교회와 이탈리아 정부의 관계를 60년 동안 옥죄어온 "로마 문제"[104]에 종지부를 찍으며 단번에 그의 정치 수완을 보여주었다. 이후에도 역사의 급변 속에서 그의 정치 수완을 발휘할 또 다른 기회를 갖게 된다. 교황으로 선출되고 나서 몇 달 뒤인 10월 22일, 무솔리니와 그의 "검은 셔츠들"[105], 곧 파시스트 당원들은 "로마로 진군"하여 이탈리아를 장악하기에 이른다. 이로써 유럽은 갈피를 잃은 채 걷잡을 수 없는 나락으로 빠져들기 시작했고, 이러한 상황에서 그 어느 때보다 교회의 목소리가 중요했다. 그리하여 비오 11세는 유럽 전역에서 교회의 목소리를 들을 수 있도록 1931년 전대미문의 소통수단을 창안하게 된다. 이것이 바로 '바티칸 라디오'로 그 정치적 효과는 대단했다.

외젠 티세랑 추기경

1884년 낭시에서 태어나 1972년 로마에서 선종했다.
두 차례의 콘클라베(1958년 요한 23세의 선출과
1963년 바오로 6세의 선출)와 한 차례의 공의회를 주재했다.
프랑스인으로 64년 동안 로마(교황청)에서 상주했고
제1차 세계 대전에 참전했다. 그 뒤 1922년 비오 11세 교황의
최측근 자문관이 되었고, 1936년에는 추기경으로 서임되었다.

양차 세계대전 사이에(1918~1939년) 교황직에 오른 비오 11세는 독재 권력의 악행과 나치주의의 광분, 공산주의의 확산을 비난했다. 그는 인종의 차별, 계급의 지배, 국가의 숭배를 단죄했다. 또한 스페인, 멕시코, 독일, 러시아에서 '무신론'이 확산되는 것을 우려했다. 이 문제에 관하여 그는 자문을 구하고 숙고를 거듭한 뒤 1937년 부활절 즈음 나치주의와 공산주의의 단죄를 공표했다.

비오 11세는 이미 그전에도 많은 정치 현안에 관여했으니, 1926년에 공화주의를 혐오하는 수많은 가톨릭 신자들이 가담한 정치 세력이자 지성의 단체였던 '락시옹 프랑세즈(L'Action française)'[106]를 호되게 단죄했다. 그는 단도직입적으로 그들이 지닌 "도시와 국가에 대한 무신론적 개념"을 규탄했다. 이 사건은 프랑스에서 많은 가톨릭 지도층에게 충격을 주었다. 같은 해 비오 11세는 소련과 교섭을 하는 척하며 프랑스의 에르비니 주교를 파견하여 러시아의 심장부에 비밀 교계를 재조직하도록 했다. 더욱 극적인 것은 1931년 무솔리니의 정책에서 교황이 본 모든 해악을 이탈리아어로 작성한 회칙 〈우리는 부족한 것이 없다〉(Non abbiamo bisogno)[107]에 담았다는 점이다. 이 회칙에서 비오 11세는 파시즘을 단죄했다. 두체(Duce)[108]는 이러한 무욕을 받고 그를 두고두고 용서하지 않았다.

그러나 가장 큰 파문이 아직 남아 있었다. 1937년 부활 주간 비오 11세는 세 가지 주요 문헌을 발표했다. 먼저 1937년 성 요셉(노동자들의 주보성인) 축일인 3월 19일 금요일에 〈하느님이신 구세주〉(Divini Redemptoris)라는 제목의 회칙을 발표했다. "무신론적 공산주의"를 강력하게 단죄하는 126페이지 분량의 이 회칙에서 비오 11세는 무신론적 공산주의를 "본질적으로 사악한 것"으로 규정하였다. 사실 이 문헌은 온 교회와 한 목소리로, 유럽에 확산되고 있는 공산주의 사상에 직면한 교황의 우려를 천명한 것이었다.

독일에서 나치 당원들은, 물론 단 한 번으로 모든 것을 단정 지을 수 없지만, 반공산주의자인 교황의 공로를 칭송하는 긍정적인 말을 하지 않았다. 그러나 3월 21일 성지주일부터 독일 전역의 주교와 본당 사제들은 신자들에게 또 다른 회칙 〈타오르는 근심으로〉(Mit brennender Sorge)를 미사 강론 시간에 낭독하기 시작했다.[109] 독일어로 작성된 이 회칙은 나치주의를 강력하게 단죄했다! 나중에 알게 되겠지만, 이 문헌의 초안은 뮌헨 대교구장 폰 파울하버 추기경이 작성했고, 그 최종 수정은 국무원장 파첼리 추기경이 중심이 되어 맡았다. 파첼리 추기경이 훗날 비오 12세가 되었을 때, 그리고 그가 나치에 마땅치 않은 나약함을 보인다고 사람들이 비난하게 될 때, 그가 이 문헌 작성에 큰 기여를 했음을 기억하게 될 것이다. 분명 이 독일어 회칙 〈타오르는 근심으로〉는 가톨릭교회가 히틀러 정권과 절대적으로 양립할 수 없음을 천명한 것이었다.

세 번째 문헌은 앞서 발표된 두 문헌보다는 덜 보편적이나 그 둘을 보완하는 것으로, 그 다음 주일인 부활절에 발표되었다. 스페인어로 삭성된 회칙 〈멕시코의 종교 상황에 관하여〉(Nos es muy)는 당시 반성직주의가 인명 살상이라는 극단에까지 치달았던 멕시코 정권의 반종교적 폭력을 단죄했다. 때마침 그날은 그리스도의 부활대축일이었고, 이탈리아 전역에서 약속이나 한 듯 사람들이 병환 중인 연로한 교황에게 인사를 하고자 성 베드로 광장에 모여들었다. 비오 11세는 1년 전에 이미 죽을 고비를 넘겼고, 일부 독실한 신자들이 "기적적"이라고 부를 만큼 마지막 남은 힘을 다해 근대의 전체주의를 단호하게 단죄했다.

에우제니오 마리아 주세페 조반니 파첼리
1876년 로마에서 태어나, 1958년 카스텔 간돌포에서 선종했다. 비오 12세의 추기경 때의 모습

하느님의 섭리는 비오 11세에게 그가 파문한 이들을 꾸짖을 시간을 주셨다. 물론 히틀러 정권이 유대인들에게 장차 무엇을 마련해 두었는지 그는 알지 못했다. 당시 그리스도교의 유럽 한복판에서 인종말살이라는 인류 역사상 가장 끔찍한 일이 일어나리라고 과연 누가 상상이나 할 수 있었겠는가? 비오 11세는 그의 생애 마지막 몇 해 동안 전조와도 같은 강렬한 행보를 보여주었다. 1938년 5월 3일 히틀러가 무솔리니를 방문하고자 로마에 오던 날, 교황은 보란 듯이 바티칸을 떠나 "쉬러가겠다"고 말하며 카스텔 간돌포로 향하면서 드러내놓고 그곳의 공기가 (로마보다) "덜 해롭기" 때문이라 밝혔다.

존 라파지(John LaFarge)[113]

9월 6일, 비오 11세는 프랑스어권 가톨릭 라디오 순례단의 벨기에 순례자들의 예방을 받았는데, 그들은 교황에게 오래된 미사경본을 헌정했다. 애서가였던 연로한 교황은 그 책을 한 장씩 넘기다 성경의 한 구절, 곧 아브라함의 희생 부분이 나오는 부분을 펼친 뒤 천천히 큰 소리로 읽기 시작했고, 그런 다음 고개를 들어 눈물이 그렁한 눈으로 이렇게 외쳤다.

"안 됩니다. 그리스도인들이 반유대주의[110]에 가담하는 것은 있을 수 없고, 용납할 수도 없습니다! 우리는 모두 정신적으로 셈족[111]입니다!"

그로부터 몇 주 뒤 1938년 6월 22일, 비오 11세는 카스텔 간돌포에 젊은 미국인 예수회원인 존 라파지를 오게 하여, 그에게 인종주의와 반유대주의를 단죄하는 회칙의 초안을 맡겼다.[112] 그러나 이 문헌은 발표되지 못했다. 이번에는 병마가 연로한 교황을 쓰러뜨렸기 때문이다. 1939년 2월, 비오 11세는 라테란 조약 체결 2주년을 기념할 채비를 했다. 그는 무솔리니가 기념식에 참석할 것임을 알고 그에게 대놓고 말할 작정이었다. 교황은 손수 펜을 들고 담화를 한 줄 한 줄 직접 작성하였다. 그러나 기력이 모자랐다. 2월 9일에서 10일 밤 사이 쓰러졌고 오전 5시 30분, 이번에는 영영 일어나지 못했다.

몇 해가 지난 뒤, 로마 교황청의 터줏내감이라 할 만한 외젠 티세랑 추기경이 비오 11세의 갑작스러운 죽음에 관하여 크게 놀랄 만한 충격적인 해석을 내놓았다. 교황청 공인 주치의 가운데 한 사람으로 무솔리니의 정부(情婦) 클라라의 부친인 프란체스코 페타치가 병환 중인 비오 11세가 반파시스트적 내용을 담은 담화를 발표하지 못하도록 밤사이 그에게 치명적인 주사를 놓았다는 것이었다. 그렇다면 과연 비오 11세는 암살당했다는 말인가? 이 가설에 힘을 실어줄 수 있는 증인이나 역사학자는 아직까지 나타나지 않았다.

성 베드로 광장 분수대

1925년 크로아티아 신자들이
비오 11세에게 헌정한 성작
세 개의 보석이 둥근 손잡이 부분에
장식되어 있다.

비오 11세

제 9 장

요한 23세 교황
공의회를 소집한 교황

1958년 10월 25일 토요일. 51명의 추기경들이 콘클라베의 방으로 들어섰을 때, 그들 가운데 아무도 비오 12세의 뒤를 이을 사람이 누구인지 알지 못했다. 2주 전인 10월 9일 교황 비오 12세가 카스텔 간돌포에서 오랜 임종 시간 속에서 고통 끝에 눈을 감았다. 전쟁과 전후 시대의 교황 에우제니오 파첼리는 매우 강인한 성품을 지녔었기에 그 후임자를 지명하는 것은 무례와도 같은 일이었다. 오타비아니, 아가지아니안, 루피니, 레르카로 등 여러 이름이 거론되었으나 아무도 확실한 인상을 심어주지 못했다. 그런데 11번째 투표에서 현행 교황선출 규정이 기다리기나 한 것처럼, 한 사람의 이름이 "3분의 2표에 더하기 1표"[114]의 벽을 넘었다. 그는 바로 베네치아의 대주교 안젤로 주세페 론칼리였다. 당시 그의 나이는 77세였다. 그토록 막중한 교황직을 수행하기에 너무 많은 나이였다. 그래서 사람들은 콘클라베에서 선출되어 자신의 이름을 요한 23세로 정한 그가 "과도기의" 교황이 될 거라고 믿어 의심치 않았다.

삼위일체 성당(트리니타 데이 몬티)

1493년부터 루이 12세[115]가 지은 이 성당은 스페인 광상을 굽어보는 유명한
계단의 꼭대기, 핀치오 언덕에 자리하고 있다. 세계적으로 유명한
성당 정면과 1495년에 세워진 두 개의 대칭형 종루를 지니고 있다.
이 성당의 관리와 유지는 프랑스 정부가 맡고 있다.[116]

샤를 드골[117]

사실 이 신임 교황은 명망 있는 가문 출신의 전임자와는 완전히 정반대의 인물이었다. 비오 12세가 로마 중심가의 상류층 출신였던 것과는 달리, 요한 23세는 1881년 11월 북부 이탈리아 베르가모 근처의 작은 산골 마을 소토 일 몬테의 가난한 농가에서 태어났다. 그는 로마 귀족의 뛰어난 후손이 아니라 진정한 농부의 아들이었다. 훌륭한 본당 사제가 어린 론칼리를 눈여겨보고 신학교로 보냈다. 또한 신학교의 교수 신부들 가운데 한 사람이 그가 장학금을 받아 로마 유학을 할 수 있게 해주었고, 이후에는 베르가모의 주교에게 그를 추천했다. 그는 1904년 사제품을 받은 뒤 베르가모 교구장의 비서가 되었다. 론칼리는 조금은 숫기 없으면서도 짓궂은 장난을 좋아하고, 또 잘 먹고 매우 수다스러운 "마음씨 좋은 소년"이었다. 그의 전임자, 곧 근면하고 엄격한 교회법학자로 추기경이 되기 위해 태어난 사람 같았던 젊은 에우제니오 파첼리(비오 12세)와는 사뭇 달랐!

1920년대 초 교회는 "선교지" 나라들에 교회의 존재를 알리는 데에 각별한 관심을 기울였다. 비오 11세는 특별

히 동방 정교회와 관계를 회복하고자 했고, 1925년 불가리아에 '교황 순시관' 직책을 신설하기로 결정했다. 그런데 그곳에 노련한 외교관을 임명하기보다 얼마 전 고위 성직자가 된 젊은 안젤로 론칼리를 임명했다. 그 이유는 그가 훌륭한 외교관이라서가 아니라 그의 성품 때문이었다. 그의 좋은 성격과 유연한 사고, 헌신적인 순명과 한결같은 유쾌함은 교황권에 적대적인 이 나라에서 다른 무엇보다 훨씬 유용한 자질이기 때문이었! 이런 연유로 주교가 된 론칼리는 로마와 그 음모로부터 멀리 떨어진 불가리아에서 교황 순시관으로 9년을 보냈다. 1934년 또다시 그는 터키와 그리스의 '교황대사'로 임명되어 이스탄불로 파견되었다. 당시 그에게는 '대사'의 칭호도 없었는데, 이는 교황청이 무슬림 국가인 터키와 정교회 국가인 그리스와 외교 관계를 맺지 않았기 때문이다! 이러한 불가피한 신중함이 오히려 그에게는 도움이 되어, 전쟁 기간에 발칸반도에서 수많은 유대인들의 생명을 구할 수 있었다.

107

전쟁이 끝나갈 무렵 론칼리 주교는 그의 생애에서 가장 놀라운 일을 겪는다. 로마에서 날아온 비밀 전보를 통해 자신이 파리 주재 교황대사로 임명되었음을 알게 된 것이다. 뜻밖의 발령이었다! 사실 이것은 비오 12세가 직접 내린 결정이었다. 물론 이번에도 안젤로 론칼리는 그의 외교적 명성 때문이 아니라 그의 인간적 자질 때문에 까다로운 사명을 받았다. 1944년 12월 교황은 파리에서 해결해야 할 중대한 사안이 있었다. 프랑스 임시 정부의 새 수장 드골 장군은 독실한 가톨릭신자였지만 비시 정권[118]을 이끈 페탱 원수[119]에게 신임장을 받은 모든 외교관을 모두 본국으로 돌려보냈고, 여기에는 교황대사 발레리오 발레리 주교도 포함되었다. 게다가 드골 행정부는 비시 정권에 지나치게 협조적이었다는 의심을 받고 이 때문에 사임을 종용받고 있는 30여 명의 주교 명단을 발표했던 것이다!

정교가 분리된 정치체제 안에서 이는 민감한 사안이었다. 주교의 임명과 해임은 정부의 권한이 아니기 때문이다. 더욱이 완전한 숙청을 한다며 엄격한 조사를 하거나 모순적인 절차를 밟는 것은 부질없는 처사로 판명되었다. 신임 교황대사는 물의를 일으키지 않고 그만의 무기인, 친절함과 유연함, 능숙한 사교술과 인간적인 접촉을 통해 이 문제를 풀어나갔다. 협상을 통해 '블랙리스트'에 오른 주교들의 수를 줄여 추문을 피하고, "(나치에) 협력하지" 않은 교회의 명성을 지켰다. 물론 교계도 이러한 협상 내용에 크게 저항하지 않았다.

론칼리는 그렇게 파리에서 8년을 보냈다. 사람들을 편안하게 하는 원만한 성격과 끈기를 지녔으며 명랑하고 세련된 유머 감각으로 파리 외교가의 만찬 자리에서 그는 말 그대로 "스타"였다. 그는 재담으로 곧잘 만찬 참석자들을 즐겁게 했다. 우리의 교황대사는 교황청 장상들의 심기를 불편하게 할 위험을 무릅쓰면서 열심히 만찬장을 누비고 다녔고, 그가 각별한 애정을 지닌 프랑스의 여러 교구를 방문했다. 그리하여 프랑스 행정부 수반은 물론이고 외딴 지방 사람들까지 모두가 그의 깍듯한 예의범절과 조용한 외교술, 이론의 여지없는 그의 신앙, 공식 교회에 대한 그의 신의를 칭송했다.

레오 12세의 삼중관

레오 12세의 삼중관을 쓴
요한 23세

알프레도 오타비아니 추기경
(1890~1979)
성무성성 장관으로 임명되어
"교의적 오류와 위험한
새 신학 사조들"에 맞섰고,
이 때문에 종교 자유의 문제로
베아 추기경과 극렬하게 대립했다.

그런데 아무도 상상조차 하지 못한 것이 하나 있었으니, 바로 이 교황대사가 잠시 동안 베네치아의 대주교를 지낸 뒤 1958년에 동료들에 의해 비오 12세의 후임자로 선출될 것이라는 사실이었다!

신임 교황은 프랑스에서도 로마에서도, 그리고 그 어디에서도 아무도 예상하지 못한 또 다른 놀라운 일을 예비하고 있었다. 그것은 이 자상한 "과도기의 교황", 그리고 이미 그 시대 사람들이 애칭으로 불렀듯이 이 "착한 교황 요한"이 1959년 1월의 어느 날 추기경들에게 공의회를 소집하겠다고 알렸던 것이다.[120] 공의회의 소집 목석은 "지극히 단순하면서도 혁신적인 것"으로, "이 쇄신의 시대에 (교회의) 생각을 더욱 분명히 밝히고 교회일치를 공고히"하며, 그리스도교의 열정을 되살리는 것"이었다. '아조르나멘토'[121],이 한 마디의 말이 모든 것을 함축하고 있었고, 장차 대성공을 거두게 된다. 교회는 개혁과 쇄신의 길로 나아가야 했다.

이러한 공표는 로마 교황청을 깜짝 놀라게 만들었으나 수많은 그리스도인들에게 새로운 바람, 열정을 불러일으켰다. 특히 프랑스, 독일, 캐나다, 북유럽에서 그러했다. 교황의 발의로 교계는 극심하게 양분되었다. 한쪽에서는 제2차 비티칸 공의회가 받아들이려 한 불가피한 개혁을 좌절시키려 노력하는가 하면, 다른 쪽에서는 변화하는 세

베아 추기경(1881~1968)
독일인 예수회 회원, 신학자, 성서학자.
제2차 바티칸 공의회 준비와
진행과정의 주축 인물로, 그리스도인
일치 촉진 평의회 의장을 맡았다.
이 때문에 그는 "일치의 추기경"으로
불린다.

상에 적응하는 데 힘들어하는 교회를 성찰과 용기와 개방으로 이끌었다. 신랄한 언쟁이 오가고 무수한 책략이 벌어졌다. 1962년 6월 19일, 교황은 공의회 준비위원회 안에서 서로 대립하던 양진영의 극적인 대결을 우려하는 마음으로 지켜보았다. 종교의 자유라는 사안을 앞에 두고 근본적으로 양립 불가능한 '초안'을 지닌 두 추기경, 오타비아니 추기경과 베아 추기경은 세속 국회에서 하듯이 일어선 채로 서로를 맹비난했다![122] 논쟁의 핵심은 공의회를 다른 그리스도교 교파들에게도 개방하고 타종교에 손을 내미는 것이었다. 이는 어쩌면 교황 요한 23세의 매우 강렬하고도 절대적인 직관이었을 것이다. 이로써 요한

23세는 교회 역사상 교회일치, 그리고 유다인과의 대화를 가장 열정적으로 지지한 이들 가운데 한 사람으로 길이 남게 된다.

1962년 10월 11일, 마침내 교황의 계획이 현대 교회 역사상 결정적인 전환점에 이르게 된다. 전 세계에서 온 2500여 명의 주교들 앞에서 요한 23세는 이날 멋지고도 매우 개인적인 담화, 그의 말을 빌자면 "자신의 자루에서 꺼낸 밀가루로"[123] 담화를 발표했다. 이 담화에서 그는 특별히 그의 시대에 현대 세계로의 적응에 반대하고 모든 개혁에 부정적인 교회의 "불행의 예언자들"을 비난했다. 그리고 교회는 "엄격함의 무기를 휘두르는 대신 자비의 치료약

을 쓰는 것을 더 좋아한다."고 단언했다. 바로 이러한 개방과 대화의 징표 아래, 모험과도 같은 공의회가 열렸다. 그리고 이 공의회가 지극히 풍요로운 결실을 거두면서 4년이라는 오랜 시간 동안(1962~1965년) 지속되리라고는 아무도 예상하지 못했다.

요한 23세는 그가 시작한 위업이 마무리되는 것을 보지 못했다. 그는 1963년 6월 3일 선종했다. 그보다 앞서 2달 전에 교황은 『지상의 평화』(Pacem in terris)라는 제목의 매우 독보적인 회칙을 발표하여 다시 한 번 세상을 놀라게 했다. 매우 정치적인 사안을 다룬 이 회칙에 관하여 말하자면, 30년 전 나치주의와 공산주의를 단죄했던 비오 11세의 회칙들로 거슬러 올라가야 한다. 이 회칙은 요한 23세가 당대 세계 지도자들에게 남긴 일종의 유언이었다. 이 회칙을 통해 교황은 그들이 전쟁을, 특히 핵전쟁을 포기하도록 했다.

요한 23세는 제2차 바티칸 공의회가 개막되던 시기, 곧 1962년 10월 중순에 이 문헌을 구상했으나 당시에는 비밀에 부쳤다. 10월 23일, 교황은 미국 대통령 존 케네디의 측근으로부터 걱정스러운 전갈을 받았다. 쿠바 미사일 사건[124]은 심각한 긴장을 초래했고, 두 강대국은 핵전쟁 직전까지 갔다. 이에 미국인들은 이 사태가 세상의 종말과도 같은 대참사로 이어지지 않도록 교황 요한 23세에게 소련과 미국 사이에 중재자로 나서줄 것을 요청했다. 곧바로 요한 23세는 소련 서기장 흐루쇼프에게 전언을 써 보내며 이렇게 말했다. "순진무구한 아이들과 노인들, 사람들과 공동체들, 지상 곳곳에서 '평화를! 부디 평화를!' 외치는 고통에 가득 찬 부르짖음이 하늘 높이 올라가고 있습니다." 교황은 흐루쇼프에게 "인류의 이 외침에 귀를 막고 있지 말고" 미국과 협상의 끈을 다시 이으라고 촉구했다. 교황은 자신의 호소가 그 다음날 〈프라우다〉(Pravda)지 1면에 실릴 거라고 크게 확신했다. 실제로 이는 이 신문의 역사상 유일무이하게 이례적인 일이었다!

이 소름 끼치도록 두려운 얼마의 시간이 연로한 교황의 마음 속에 깊이 각인되어, 그의 감동적인 마지막 회칙을 작성하도록 그에게 영감을 주었다. "착한 교황 요한"은 이미 역사 안에서 "공의회의 교황"으로 자리매김하였고, 마지막으로 세 번째 별칭, "평화의 교황"으로 사람들의 기억 속에 길이 남아 있다.

비오 9세의 순금 성작
그리스도가 십자가로 형상화되어 있다.
1867년 교황에게 헌정됨.

트레비 분수

폴리 궁전을 등지고 서 있으며, 18세기의 기념비적
작품으로 로마에서 가장 유명하다. 1732년 교황
클레멘스 12세의 지시로 건축가 니콜로 살비가
짓기 시작하여 그로부터 30년이 지난 뒤 니콜로 판니니가
완공하였다. 바로크 양식으로, 베르니니의 작품인
나보나 광장의 4대강 분수를 참고했다. 중앙 벽감에
자리한 바다의 신 넵튠 상은 피에트로 브라치 작품이다.
트레비 분수는 기원전 19년 마르쿠스 베스피아누스
아그리파가 세운 길이 20킬로미터의 운하
아쿠아 비르고[125]의 수도교에서
물을 공급 받고 있다.

제 10 장

요한 바오로 2세 교황

희망의 교황

"교황이 나셨습니다(Habemus Papam)!"[126] 1978년 10월 16일 성 베드로 광장을 향해 페리클레 펠리치 추기경이 새 교황의 이름을 "보이틸라(Wojtyla)"라고 알렸을 때, 운집해 있던 군중은 잠시 숨을 죽였다. '아프리카 사람인가?' 그들은 곧 콘클라베에서 선출된 새 교황이 폴란드인이라는 것, 그리고 추기경단이 이탈리아인 교황을 선출하는 500년의 전통을 깨뜨렸다는 것을 알았다. 요한 바오로 2세가 그의 첫 사목 여행을 시작했을 때 비로소 세상 사람들은 동유럽에서 온 이 교황이 수많은 관례를 뒤엎고 뜻밖의 놀라운 일들을 준비하고 있다는 것을 깨달았다.

교황이 폴란드인이라는 게 뭐 그리 대수인가? 가톨릭교회는 말 그대로 보편적(catholic)이지 않은가? 카롤 보이틸라는 1920년 5월 18일 폴란드 남부에 위치한 바도비체에서 태어났다. 150년 동안 지도에서 지워졌던 그의 고향은 보이틸라가 태어나기 얼마 전 독립하여 이름을 되찾았다. 교황이 되었을 때 그는 무엇보다 모든 대륙, 모든 국가의 고유한 문화와 역사에 지대한 관심을 보였다. 심지어 언젠가 국제연합(UN)에서 "모든 국가의 권리헌장"을 지지하기도 했다. 1992년 콤포스텔라에서 그는 "폴란드 국가의 아들"로서 말한다며, 유럽은 자신의 뿌리가 그리스도교임을 부인해서는 안 된다는 것을 엄숙하게 일깨워주었다.

그러나 1920년 폴란드에서 태어났다는 것은 또한 반유대주의와 세계대전의 공포, 끔찍한 유다인 학살, 그리고 그 당시를 휩쓸었던 또 다른 전체주의인 공산주의를 겪었다는 것을 의미했다. 이러한 그가 교황이 되어 그리스도인과 유다인의 화해를 위해 다른 선임 교황들보다 더 많은 노력을 기울였다는 사실이 크게 놀랄 일은 아니다. 요한 바오로 2세는 교황 임기 내내, 곧 1979년 아르헨티나와 칠레의 분쟁을 비롯하여 2003년 제2차 이라크 전쟁에 이르기까지 국가 간 평화와 공존을 위해 온 힘을 쏟았다. 젊은 사제 시절부터 "현실 사회주의"[127]를 오랫동안 경험했고, 주교와 대주교, 추기경이 되어서도 마찬가지의 경험을 한 그를 "인권의 교황"이 되게 한 힘은 과연 어디에서 온 것일까? 이탈리아인 교황이나 프랑스인 또는 아프리카인 교황이었더라면, 폴란드의 '연대자유노조'(Solidarnosc)의 행보를 그만큼 지지할 수 있었겠는가? '긴장완화(détente)'가 동서 세계를 미래도 없는 현재의 상태(statu quo)에서 옴짝달싹 못하게 만들던 시대에, 공산주의는 역사의 공백이며 둘로 갈린 유럽은 불의의 사고라는 사실! 이 사실을 사람들에게 납득시키기 위해서라도 폴란드인 교황이 필요했는지도 모른다. "이 교황님은 하늘이 내리신 선물입니다!" 1978년 요한 바오로 2세의

교황 선출 직후 소련의 반체제 인사 솔제니친은 BBC 방송을 통해 확신에 찬 어조로 그렇게 말했다. 이 러시아 작가 또한 폴란드인 교황이 동유럽인들에게 "두려워하지 마십시오!"[128]라고 말하며 믿음과 확신을 다시 심어줄 것이고 공산주의 역사의 흐름을 바꿀 것이라는 것을 예감하고 있었던 것이다.

이 미래의 성인은 다른 교황들과 사뭇 다른 특이한 이력을 지니고 있었다. 사제가 되기 전 그는 특이한 삶을 살았다. 근대 이후 교황들이 대체로 이탈리아인 가정에서 태어나 일찌감치 소신학교에 입학하고, 이어 자연스럽게 사제품을 받고 교황직에 올랐던 것과는 달리, 요한 바오로 2세는 사제 생활의 시작부터 "뒤늦게 부르심에 응답한" 경우였다. 21살이 될 때까지 그는 직업배우가 되려는 마음을 품고 있었던 것이다! 젊은 카롤은 연극에 열정을 쏟았다. 고향 바도비체 시에서 대학을 다닐 때부터 그는 여가 시간마다 대본을 익히며 연습하고, 공연을 했다. 처음에는 대학 동기들과, 나중에는 폴란드어에 애정을 지닌 친구들과 함께 낭만주의 작가들의 과장된 웅변조의 작품들을 공연했다. 이를 통해 그는 나치점령 아래 폴란드의 문화 유산을 치열하게 - 위험을 무릅쓰고서 - 지키고자 했던 것이다.

요한 바오로 2세

연극을 한다는 것은 그 자신과 매우 다른 젊은이들, 그리고 젊은 여자들과도 친하게 지낸다는 의미였다. 그에게도 절친한 여자 친구가 있었다. 그녀의 이름은 할리나 크로콜리케예비치로, 그가 다니던 고등학교 교장의 딸이었다. 시절이 달랐다면 그녀는 그의 약혼녀가 되었을지도 모른다. 그러나 하느님의 섭리로 - 그리고 1941년 부친의 갑작스러운 죽음으로 카롤은 심하게 흔들렸고 - 그는 전혀 다른 길을 가겠다는 결정을 내렸다. 카롤은 사제직을 선택했고, 할리나는 그의 가장 친한 친구였던 타데우즈 크비야토브스카와 결혼했으며, 나중에 폴란드의 훌륭한 여배우가 되었다.

이러한 경험은 장래의 교황이 사목을 펼치는 데 결정적인 역할을 했다. 카롤 보이틸라는 언젠가 그의 프랑스인 친구인 저널리스트 앙드레 프로사르에게 "사랑의 감정 때문에 어려움을 겪은 적이 결코 없었다"고 말한 적이 있다. 어쩌면 운이 좋았던 것일지도 모른다. 그러면서도 그는 이 문제에 열정을 쏟았는데, 특히 그가 크라코프에서 학생 전담 사제로 있었을 때 그러했다. 수많은 젊은이들이 고해성사 때에 그들의 애정 생활 또는 성생활에 관한 고충을 그에게 털어놓았던 것이다. 1950년대 말 공산주의 국가인 폴란드에서 『사랑과 책임』이라는 제목의 책을 출간하기 위해서는 대단한 용기가 필요했다. 이 책에서 이제 막 주교가 된 저자는 모든 시대의 젊은이들이 고민하는 문제들을 노골적으로 다루었다. 카롤 보이틸라는 이 책에서 민감한 사안이면서 금기시된 문제인 님성적 이기주의를 비난하며, 남녀의 성관계를 두 사람 사이의 절대적인 상호 선물로 여기며, 어느 한쪽의 만족을 위해 다른 한쪽을 이용하는 것이 결코 아님을 피력했다.

이러한 그의 오랜 사목 경험과 젊은이들에 대한 깊은 이해를 바탕으로 나중에 그는 새로운 구상을 하게 된다. 이것이 바로 "세계청년대회"[129]로 대단한 성공을 거두었다. 덴버, 체스토코바, 마닐라, 파리, 로마에서 열린 수많은 세계 젊은이의 모임은 오늘날 여전히 '요한 바오로 2세의 세대'라 불리는 모든 사람들의 마음속에 길이 남아 있다! 세계청년대회가 거둔 가장 아름다운 성공은 이 대회가 그 창시자보다 오래 살아남았다는 것이다. 베네딕토 16세 교황이 스페인 마드리드에서, 또 프란치스코 교황이 브라질 리우에서 함께 한 세계청년대회를 떠올려보라. 수십만, 수백만 젊은이들이 열정적으로 기뻐하는 모습에서 과연 누가 가톨릭교회가 퇴락하고 있다고 말할 수 있겠는가?

할리나 크비야토브스카
영화배우, 요한 바오로 2세의 학창 시절 여자친구

"두려워하지 마십시오!"

요한 바오로 2세를 그린 습작들

성인 요한 바오로 2세라고?[130] 분명 그는 남다른 교황이었다. 무엇보다 그의 오랜 즉위 기간을 꼽을 수 있다. 264명의 역대 교황들 가운데 그보다 조금 오래 재위한 비오 9세(1846~1878)와, 전승에 따르면 30년 넘게 재위했다고 전해지는 베드로 사도를 제외하면 그렇다. 요한 바오로 2세의 장수는 기적과 같은 일이었다. 1981년 5월 13일, 터키인 암살자 알리 아자가 쏜 총에 사망할 뻔했기 때문이다. 당시 많은 사람들은 알리 아자가 KGB의 사주를 받았다고 비난했다. 하느님의 섭리는 교황의 오랜 재위가 그런 식으로 중단되기를 원치 않으셨던 것이다. 요한 바오로 2세 교황은 자신이 목숨을 잃지 않은 것은 파티마 성모님 덕분이라고 말했다.

요한 바오로 2세가 남다른 교황이라는 것은 그가 인류 역사에 남긴 발자취를 보더라도 알 수 있다. 먼저 유럽 공산주의가 붕괴되는 과정에서 요한 바오로 2세가 행한 역할을 살펴보자. 교황은 폴란드의 연대자유노조를 지지하는 것에 그치지 않았다. 1991년에 『새로운 사태』 반포 100주년을 기념하여 발표한 회칙 『백주년』(Centesimus annus)을 다시 읽어보기 바란다. 자유, 인간 존엄, 진리에 대한 권리, 연대 등 복음적 가치들이, 인간을 "사회의 톱니바퀴의 부속품"으로 만드는 이데올로기에 맞서 어떻게 승리했는지를 이해하게 될 것이다. 이러한 가치들이 또한 요한 바오로 2세가 아이티, 필리핀, 파라과이 등의 독재정권들에 맞서도록 해주었다는 사실을 기억하기로 하자.

요한 바오로 2세의 또 한 가지 남다른 점은 유다 세계와 오랫동안 끈기 있게 접촉했다는 것이다. 이는 바티칸 시국과 이스라엘 국가 사이의 외교관계를 수립하는 매우 실용적인 바람에서 시작되었다. 그리고 마침내 외교 영역을 벗어나 역사에 길이 남을 이례적이고 감동적인 장면으로 이어졌다. 2000년 3월, 이 연로한 교황은 예루살렘 통곡의 벽 틈 사이에 파킨슨병으로 흔들리는 그의 손을 밀어 넣으며 세계 평화를 위해 기도했다.

끝으로 요한 바오로 2세는 신학, 철학, 윤리 분야에서도 남다른 면모를 보여주었다. 일면 보수주의자로 평가받기도 하는데, 특히 급변하는 세상 속에서 흔들리는 가정과 성에 관한 교회의 가르침을 고집스럽게 옹호할 때 그러했다. 그러나 요한 바오로 2세는 돈이 지배하는 세상과 지나친 자유주의를 맹렬하게 비난했고, 이러한 점에서 진보주의자로 여겨지기도 했다. 한편, 1986년 아씨시에 각계 종파의 수장 100여 명이 모여 세계 평화를 위하여 기도하고 단식하는 자리가 마련되었을 때 교황은 혁신주의자로 평가받기도 했다. 그리고 마침내 2000년, 교회가 제삼천기를 맞이했을 때 교황이 제시한 모토는 그가 선견자임을 보여주었다. 후임 교황들이 이어 받은 그 모토는 바로 "새로운 복음화"이다.

2000년 3월, 요한 바오로 2세는 이스라엘을 방문하여 통곡의 벽 앞에서 기도를 바쳤다. 그는 병환으로 흔들리는 손으로 들고 있던 쪽지를 수천 년 된 이 통곡의 벽 틈 사이로 밀어 넣었다. 그 쪽지에는 교회가 지난 2000년의 역사 동안 유다 민족에게 가한 고통을 두고 겸허하게 용서를 청하는 내용이 담겨 있다.

이렇게 어느 한 부류로 단정지을 수 없는 교황 요한 바오로 2세가 무엇보다 믿음의 사람이 아니었다면, 사람들의 기억 속에 그처럼 깊이 각인되지는 못했을 것이다. 추기경 시절에 그가 보인 뿌리 깊고 철저한 신념을 과연 누가 의심할 수 있겠는가? 예를 들어, 아침 미사 때에 그를 본 사람들은 모두가 한결같이, 그의 친구 앙드레 프로사드의 표현을 빌자면, "기도로 똘똘 뭉쳐진 사람"이라고 기억하였다. 요한 바오로 2세는 실제 진심으로 스스로를 "종들의 종"으로 여겼고, 끊임없이 그의 생명과 운명을 하느님의 손에 맡겨드렸다.

그리고 세월이 흘러 요한 바오로 2세는 어쩔 수 없이 병들고 지쳐, 걸을 수도 없고, 말도 힘겹게 할 수밖에 없는 늙은 교황이 되었다. 전 세계 사람들이 카메라를 통해 바라본 그의 말년 모습은 감동 그 자체였다. 힘없고 고통받는 교황의 모습은 이를 지켜보는 많은 사람들에게 감격 어린 충격을 주었다. 교황의 측근도 예외가 아니었다. 요한 바오로 2세는 세상 사람들에게 고통과 장애, 심지어 임종의 고통 속에서도 인간은 참으로 존귀하고 존경스럽다는 것을 보여주는 듯했다. 화면에 비친 이 교황이 우리에게 전한 마지막 메시지는 그가 정해진 틀에서 벗어난 인물이라는 것이다. 교황의 장례식 날 신자들의 무리는 이렇게 적힌 펼침막을 흔들었다. "산토 수비토(Santo subito)!" 우리말로 옮기면 이러하다. "곧 성인되게 하소서!"[131]

지상의 나그네, 요한 바오로 2세

제 11 장

프란치스코 교황

그리고 지금은…

프란치스코 교황이 세상을 바꾸었다고 말하기엔 아직 때가 이르다고 할 수 있다. 그러나 그가 선출된 것만으로도 교황 선출에 대한 시각을 완전히 바꾸어 놓았다. 2013년 3월 13일, 교회는 오랜 역사상 처음으로 자신의 영향권 밖에서 수장을 찾았다. 2000년 동안 교회의 영향권은 이탈리아, 지중해, 유럽이었다.

물론 부에노스아이레스의 대주교 호르헤 마리오 베르골리오는 아르헨티나로 이민을 온 이탈리아 이주민의 아들이다. 베르골리오는 추기경이 된 2001년부터 교황청의 속사정을 잘 알고 있었고, 그의 학식과 진솔함과 카리스마는 교황청 안에서도 높은 평가를 받고 있었다. 2005년 콘클라베에서 요제프 라칭거의 "라이벌"이 아니었던가? 그러나 그는 아르헨티나에서 나고 자랐으며 그곳에서 사제가 되었다. 제3세계이면서 또 다른 아메리카이고, 오늘날 가장 많은 가톨릭 신자들을 대표하여 풍성한 수확이 기대되는 곳, 이렇게 극명한 대조를 보이는 이 남미 대륙을 그는 고스란히 대변하고 있다.

프란치스코 교황은 처음부터 그가 어떤 방향으로 교황직을 수행할 것인지를 보여주었다. 자신의 이름을 아씨시의 프란치스코 성인처럼 '프란치스코'로 정하면서, 그는 겸손하고, 가난한 이들과 함께 하는 교회를 표방했다. 첫 교황 강론에서 그는 주교들과 사제들이 그들의 궁전과 본당에서 나와 "변방으로", 세상의 끝으로, 곧 대도시와 빈민촌으로 가서 그리스도를 선포하라고 독려했다. 그가 부에노스아이레스에 있을 때부터 줄곧 그렇게 해왔던 것처럼 말이다.

교황으로 선출되었을 때 이미 프란치스코 교황은 선임자 때에 참담한 결과를 빚은 여러 "사건들"로 고통을 받는 교회의 제도를 개혁한다는 책임을 분명히 떠맡은 것이었다. 그리하여 새 교황은 교황청의 재정 운영에 대한 대대적인 개혁과 교황청 기구의 재편을 단행하였다. 그러나 현실 세계에서 교황권이 직면한 도전과제들, 곧 가난, 테러, 종교 간 갈등과 생명윤리와 관련하여, 앞으로 프란치스코 교황은 교회를 만든 위대한 교황들의 합당한 후임자임을 스스로 보여주어야 할 것이다.

베드로 성인

대 레오 교황

대 그레고리오 교황

인노첸시오 3세 교황

바오로 3세 교황

비오 7세 교황

레오 13세 교황

비오 11세 교황

요한 23세 교황

요한 바오로 2세 교황

프란치스코 교황

『세상을 바꾼 교황들』을 통해 참된 지도자를 만나다

　　로마 바티칸 성 베드로 대성전의 쿠폴라 위에서 내려다보면 성 베드로 광장은 열쇠 구멍 모양을 하고 있습니다. 이는 예수님께서 베드로 사도에게 '하늘 나라(하느님 나라)'의 열쇠를 맡기시며, 이 '반석' 위에 당신의 교회를 세우신다고 하신 말씀("너는 베드로이다. 내가 이 '반석' 위에 내 교회를 세우겠다. 나는 너에게 하늘 나라의 열쇠를 주겠다.")을 형상화한 것으로, 열쇠는 가톨릭 전통에서 베드로 사도와, 그로 대표되는 교황권과 교회를 상징합니다. 예수님께서 베드로에게 하신 이 말씀에서 베드로의 후계자인 교황의 '수위권(首位權)'이 생겨났습니다. 수위권은 교회 안에서 교황이 모든 주교들 가운데 가장 으뜸이 되는 자리에 위치해 있음을 드러내는 것으로, 교황이 그리스도를 대리하여 교회를 다스리는 최고 목자임을 보여줍니다.

　　'교황(敎皇)'의 어원을 살펴보면 '아버지'를 뜻하는 '파파(라틴어: Papa, 그리스어: πάπας[pa-pas])'에서 비롯되었는데, 원래는 지역 교회의 최고 장상(주교와 대수도원장 등)을 부르는 호칭이었다가 중세 때에 로마의 주교만을 부르는 호칭으로 굳어졌습니다. 이렇게 교황은 무엇보다 먼저 로마교구의 교구장인 로마의 주교이면서도 세계 주교단을 이끄는 수장이고, 바티칸 시국의 국가원수입니다. 또한 교황은 지상에서 그리스도의 대리자로서 구원 사업을 떠맡은 목자로, 보편 교회의 수장이면서 온 세상의 정신적인 지도자입니다. 이러한 의미에서 교황을 '교회의 근본이며 으뜸(宗)'이라는 뜻으로 '교종(敎宗)'이라고도 합니다.

첫 교황 베드로 사도

　　열두 제자 가운데 으뜸으로 예수님을 가장 먼저 따르고 늘 함께 했던 베드로 사도는 스승이 붙잡힌 위기의 순간 안타깝게도 세 번이나 그분을 모른다고 부인했습니다. 부활하신 예수님께서는 그를 나무라지 않으시고, 오히려 당신을 사랑하느냐고 세 번 되물으시며 당신의 양떼를 잘 돌보라고 재차 세 번 당부하셨습니다. 예수님의 이러한 당부 말씀은 베드로 사도를 교회의 '반석'으로 삼으시겠다는 약속의 재확인으로, 그의 인간적 나약함과 허물이 교회를 세우는 데에 아무런 장애가 되지 않다는 것을 보여주신 말씀입니다. 예수님께서 가장 중요하게 보신 것은 베드로 사도의 능력이나 자질이 아니라 당신께 전적으로 의탁하고 당신의 뜻을 온전히 따르는 그의 겸손과 신뢰임을 알 수 있습니다.

　　이렇게 예수님께서 직접 선택하신 이 반석 위에 교회가 세워졌고, 베드로 사도를 첫 교황으로 하여 지금의 프란치스코 교황에 이르기까지 266명의 교황이 가톨릭교회를 이끌어

왔습니다. 이 책은 많은 교황들 가운데 교회 역사는 물론이고 인류 역사의 중요한 시기에 결정적인 역할을 한 열 분의 교황(현 프란치스코 교황님을 포함하면 열한 분)을 선별하여 "세상을 바꾼 교황들"로 소개하고 있습니다. 이 분들은 저마다 그의 시대에 교회와 세상이 필요로 하는 교황의 역할을 고유의 인품과 방식으로 수행했습니다.

세상을 바꾼 교황들

여기서 특별히 우리와 가까운 시대에 사셨거나 함께 사신 교황들 가운데 몇 분을 소개하고자 합니다. 먼저 레오 13세 교황님은 근대로 접어들면서 산업화에 따른 빈부 격차, 노동 문제 등이 새롭게 대두되기 시작한 때에 이 문제에 적극적인 관심을 갖고 사회 정의를 구현하고자 노력하셨습니다. 레오 13세 교황님이 1891년 반포하신, 사회 문제에 관한 최초의 회칙 『새로운 사태』는 '노동 헌장'이라고도 불리는데, 오늘날 가톨릭교회의 사회 교리의 밑바탕이 되었습니다. 한편, 양차 세계 대전 사이에 교황이 되신 비오 11세는 당시 독버섯처럼 퍼져나가던 무신론과 나치즘, 파시즘을 강력하게 규탄하셨고, 서서히 확산되던 공산주의의 실체를 고발하고 인류에게 미칠 해악을 경고하셨습니다.

가난하고 소박한 시골 농부의 아들로 태어나 소탈하고 푸근한 성품을 지니셨던 요한 23세 교황님은 재임 당시부터 이미 "착한 교황"으로 불리셨고, 전쟁의 상처로 얼룩진 시대에 교황은 무엇보다 그리스도의 평화가 분열과 대립으로 갈라진 땅에 단비처럼 스며들도록 '지상의 평화'를 위해 일하는 사람임을 보여주셨습니다. 또한 시대를 앞서가는 혜안과 예언자다운 면모를 지니셨던 교황님은, 가톨릭교회가 자신의 것만을 고집하지 않고 다른 종파, 다른 종교들과도 대화를 나누고 일치와 화해를 추구하며, 급변하는 세상 속에서 성찰과 쇄신을 통해 새로워져야 한다고 강조하셨습니다. 이러한 취지에서 요한 23세는 제2차 바티칸 공의회를 개최하셨는데, 당시 교회 안에서 큰 이슈도 없어 보이던 시기에 교황님이 공의회를 열겠다고 하자 가장 가까운 측근들도 그분의 깊은 뜻을 헤아리지 못했습니다. 또한 연로한 요한 23세를 그저 잠시 스쳐 지나가는 "과도기의" 교황으로 여긴 바티칸의 일부 인사들은 교황님이 노망이 나신 게 아닐까 의심까지 했다고 합니다.

1962년 제2차 바티칸공의회 개막식에서 요한 23세는 교회가 우물 안에 갇힌 개구리처럼 자기 안에만 머물지 말고 세상 밖으로 나아가 "시대의 징표들"을 읽고 이에 응답할 줄

알아야 한다고 말씀하셨고, 교회가 자애로운 어머니처럼 분열과 대립으로 상처받은 인류를 보듬어 안고 평화의 길로 나아가자고 독려하셨습니다. 교황님은 임종 때에 당신이 교황직을 어떻게 수행해 오셨는지 알 수 있는 말씀을 남기셨습니다. "십자가에 달리신 저 예수님을 보시오! 저 넓게 벌린 팔이 내 교황직의 이상이었소. 나는 겸손하고 소박하게 살려고 했고, 모두를 사랑하려고 노력했소."

2014년 요한 23세와 함께 시성되신 요한 바오로 2세는 한국을 방문하신 최초의 교황으로 지금도 우리 마음속에 영원한 교황님으로 남아계십니다. "두려워하지 마십시오!" 세계대전과 유태인 학살, 공산주의의 압제를 몸소 겪은 교황님이 교황 즉위 미사 강론에서 힘주어 하신 이 말씀은 냉전과 이념 대립의 혹독한 몸살을 앓는 인류에게 치유와 희망의 메시지였습니다.

요한 바오로 2세는 분단의 아픔과 군사독재로 고통을 겪은 우리나라를 1984년과 1989년 두 차례 방문하시어 마찬가지로 위로와 희망을 주셨습니다. 한국에 첫발을 내딛으실 때 교황님은 또렷한 한국말로 "벗이 있어 먼 데서 찾아오니 이 또한 기쁘지 아니한가!"라는 논어의 구절로 인사하시며, 당신 스스로를 먼 데서 찾아온 우리의 '벗'이라 칭하셨습니다. 교황님은 말년에 파킨슨병으로 고통을 겪으시면서도 마지막 순간까지 희망을 전하셨습니다. "나는 행복합니다. 그대들도 행복하십시오." 교황님은 이 말씀을 우리에게 주시는 당부 말씀처럼 남기고 떠나셨습니다. 세상의 온갖 병고를 십자가의 희생으로 몸소 짊어지고 가신 예수님처럼, 요한 바오로 2세는 그리스도의 대리자인 교황은 희망이 없는 곳에서 희망을 보여주고 그리스도의 사랑을 전하며, 아픈 이들과 상처받은 이들의 고통을 함께하는 벗임을 몸소 보여주셨습니다.

우리 교황 "파파 프란치스코"

그리고 지금 우리에게는 또 한 분의 친근한 벗으로 새롭고도 아름다운 세상을 만들고 계신 교황님이 있습니다. 지난 2014년 우리나라를 방문하시어 "인간의 고통 앞에서 중립적일 수 없다!"고 말씀하시며 노란 리본을 가슴에 달고 세월호의 유가족들을 위로해 주신 프란치스코 교황님! 교황님은 세 멀리 지구 반대편, 말 그대로 "세상 끝에서" 오시어 세상의 중심에서 '사랑'을 외치며 실천하고 계십니다.

2013년 교황으로 선출된 직후 교황직을 수락하며 프란치스코 교황님은 참으로 놀랍고도 감동적인 말씀을 하셨습니다. "저는 죄인입니다. 우리 주 예수 그리스도의 크신 자비와 한없는 인내에 의탁하며 참회의 마음으로 교황직을 받아들입니다." 이렇게 작고 낮은 '종'

의 자세로 교황직을 맡으시며, 프란치스코 성인의 정신을 본받는다는 뜻에서 당신의 교황 이름을 '프란치스코'로 정하셨습니다. 이를 통해 앞으로 당신이 이끌어갈 교회가 그 누구보다 가난한 이들을 섬기는 '가난한 이들을 위한 가난한 교회'가 될 것임을 보여주셨습니다. 교황님의 서명에도 그분의 작고 낮은 겸손의 마음이 담겨 있습니다. 한국을 방문하셨을 때 방명록에 남기신 교황님의 서명('Franciscus')은 백 원짜리 동전 크기만큼 작았습니다.

"아씨시의 성인처럼 하느님 사랑 안에서 작지만 강한 그리스도인으로서 이 나약한 세상과 사람들을 보살피도록 부름 받고 있다." 교황님의 이 말씀은 그리스도인만이 아니라 오늘을 사는 우리 현대인 모두의 소명이기도 합니다. 물질주의와 소비주의가 만연한 오늘날우리에게 필요한 영성이 바로 프란치스코 성인의 영성임을 강조하신 말씀이라고 생각합니다. 교황님은 2016년에 발표하신 회칙 『찬미받으소서』를 통해, 해와 달과 별을 형제자매라고 부르며 하느님께서 창조하신 모든 피조물을 사랑한 프란치스코 성인처럼, 우리도 "우리 공동의 집"인 지구를 아끼고 돌보며 하느님 보시기에 좋은 세상을 만들어가자고 말씀하셨습니다. 앞으로도 우리의 '파파' 프란치스코는 가난하고 소외되고 힘없는 이들, '세상 끝'에 사는 이들의 교황으로서, 또 서민들의 친근한 '작은 형제'로서 우리와 함께 아름다운 세상을, 사랑과 자비가 모든 일의 시작이며 마침인 세상을 만들어가실 것입니다.

앞서 말씀드린 것처럼 이 책은 세상을 바꾼 열한 분의 교황을 소개하면서, 저마다의 고유한 성장 배경과 인품, 주요 생애를 간략하고 압축적으로 설명하고 있습니다. 또한 그 시대와 관련된 건축과 인물이 담백하면서도 아름다운 수채화로 그려져 있어 한 권의 아름다운 예술 서적을 읽는 느낌입니다. 마치 미술 전시회에서 대작을 접할 때 가까이 다가가 자세히 들여다보기도 하고 뒤로 떨어져 멀리서 작품을 바라보는 것처럼, 이 책은 세상을 바꾼 교황들을 깊이 알게 되면서도 넓게는 교회사, 더 나아가 세계사를 조망할 수 있도록 해줍니다. 독자 여러분이 이 책을 읽고 나서 여기에 소개된 교황들이 직접 남긴 저서와 글들을 찾아보시는 것도 이해의 깊이를 더하는 데에 좋을 것입니다.

자신의 몸과 마음을 먼저 바르게 닦은 사람만이 자신은 물론, 나라와 세상을 제대로 다스릴 수 있다는 옛 성현의 말씀이 지금처럼 마음 깊이 와닿는 때가 없던 것 같습니다. 한 사회 공동체를 이끄는 지도자가 무엇보다 제 몸과 마음을 바르게 지니지 못할 때 그의 작은 생각과 행동 하나하나가 공동체 전체에 얼마나 심각한 영향을 미치는지 통감하고 있는 시대에, 참된 지도자의 모습을 갈망하는 독자라면 이 책을 꼭 읽어보시기 바랍니다.

1) 시몬은 '바르요나', 곧 '요나의 아들(바르)'이라 불렸다. 요한 복음서에서는 요한의 아들로도 나오는데, 시몬의 아버지가 '요한' 또는 '요나'로 불렸거나, 이를 그리스말로 옮기면서 두 가지 발음으로 표기되었다고 보는 견해가 있다.

2) 마르코 복음 1장 17절과 마태오 복음 4장 19절 참조.

3) '파스카 주간'은 예수님께서 예루살렘에 입성하신 날부터 수난을 겪으시고 돌아가셨던 주간을 말한다. 지금의 '성주간'으로, 교회력으로 1년 중 의미 깊은 주간이다. 초세기에는 수난(Passion)의 사건을 기념했기 때문에 '수난주간'으로 불렸고, 이 '수난'의 개념에는 '부활'이 포함되어 있었기에 '파스카 주간'으로도 불렸다. 예수님께서 마지막 만찬에서 제자들의 발을 씻겨주시고 성체성사를 제정하신 성목요일, 제자 유다의 배반으로 붙잡히신 뒤 십자가 위에서 희생되신 성금요일, 그리고 무덤에 묻히신 뒤 부활하시기 전 날인 성토요일을 '파스카 성삼일'이라고 부른다.

4) 요한 복음 18장 10-11절 참조. 요한 복음서에서는 백인대장이 아니라 대사제의 종의 귀를 내리쳤다고 나온다(마태 26,57-75; 마르 14,53-72; 루카 22,54-71).

5) 마태복음 26장 69-75절, 마르코 14장 27-31절, 루카 22장 31-34절 참조.

6) 요한 복음을 보면 예수님의 무덤이 비었다는 소식을 전해 듣고 베드로와 요한 두 사도가 함께 달려갔고 먼저 무덤에 다다른 이는 요한이었다. 요한은 무덤 안으로 들어가지 않고 베드로를 기다렸다(요한 복음 20장 1-10절 참조).

7) 마태오 복음 16장 18-19절.

8) 라틴어 전문은 이러하다. "Tu es Petrus et super hanc petram aedificabo ecclesiam meam(너는 베드로이다. 내가 이 반석 위에 내 교회를 세우겠다.)"

9) 수위권은 모든 주교 가운데 제1의 지위인 교황이 가진 권한을 말한다. 이 권한은 교회의 창설자이신 예수 그리스도에게서 비롯되었는데, 예수님께서는 베드로를 교회의 반석이라 부르고, 그 반석 위에다 교회를 세우겠다고 약속하셨다(마태 16,18 참조). 이 말씀은 모든 사도들 가운데 베드로에게 수위권을 주시겠다는 뜻으로 해석된다.

10) 이 최초의 공의회에서 베드로는, 하느님께서 성령을 부어주신 비유다인들에게 유다인들처럼 모세의 율법을 지키고 할례를 받으라고 강요해서는 안 된다고 결정했다(사도행전 15장 참조).

11) 소아시아는 지금의 터키에 위치한 소아시아 반도를 의미하며, 고대 로마에서는 지금의 아나톨리아(터키 국토의 대부분을 차지하는 고원)를 지칭했다.

12) 유니우스 바수스 석관은 로마 집정관이었던 유니우스 바수스의 죽음을 기려 359년 경에 제작된 석관으로, 구약 성경과 신약 성경의 주요 내용이 부조로 새겨져 있다.

13) 로마 제국 제3대 황제인 칼리굴라(서기 12-41년, 본명은 가이우스)는 네로, 도미티아우스 등과 함께 로마 제국의 폭군들 가운데 한 사람으로 유명하다. 그는 로마 테베레 강 서안에 개인용 전차 경기장을 만들면서 트랙 중앙의 장식을 위해 이집트 알렉산드리아에 있던 오벨리스크를 운반하도록 했다고 한다. 자르지 않고 통째로 가져온 이 오벨리스크는 1586년 성 베드로 대성당 앞으로 옮겨져 성 베드로 광장을 장식하게 된다.

14) 고대 그리스 트로이 전쟁의 영웅 아이네이아스는 죽은 아버지 안키세스를 만나겠다는 일념으로 무녀 시빌레의 안내를 받아 하데스가 다스리는 지하세계로 내려갔다. 케르베로스는 이 지하세계의 문지기 괴물로, 보통은 머리가 셋 달린 개로 그려진다.

15) 율리오 2세 교황(재위 1503~1513)은 르네상스 시대를 대표하는 교황으로 정치적 수완과 강력한 지도력을 지녔으며 예술 애호가로도 유명하다. 성 베드로 대성전의 신축 공사 등 야심찬 대규모 건축공사를 추진하여 로마를 르네상스 문화의 중심지로 만들었다. 미켈란젤로와 라파엘로를 후원했다.

16) '발다키노'(Baldacchino)라고도 불리며, 교황 제대를 뒤덮고 있다. 젊고 유능한 조각가 베르니니의 작품으로 유명하나 실제로는 그의 맞수로 당시 그의 조수였던 보로미니와의 합작품이다.

17) 라틴어로 '콘페시오'(Confessio)라고 하는 이 고백의 제대는 그 아래 베드로의 무덤이 자리하고 있어 베드로 대성전 내에서 가장 성스러운 장소로 손꼽힌다.

18) 성 클레멘스 1세 교황(재위 88~97 또는 92~101)은 베드로 사도에 의해 직접 주교로 축성되었다고 전해진다. 클레멘스 1세는 베드로, 바오로 사도와 같은 시대의 인물로 사도들에게 직접 교리를 배운 최초의 사도 교부이며 교황이다.

19) 식스토 3세(재위 432~440)는 네스토리우스 이단과 펠라기우스 이단을 모두 배척했고, 431년 에페소 공의회에서 그리스도의 신성(神性)을 부정하는 네스토리우스 이단을 단죄하며 내린 결정, 곧 성모 마리아는 하느님의 어머님임을 공식 선포한 것을 기념하여 산타 마리아 마조레 대성전을 건설했다.

20) 갈리아(Gallia)또는 골(Gaule) 지방은 지금의 프랑스와 벨기에 서부 독일, 이탈리아 북부를 포괄하는 지역이다.

21) 323년 콘스탄티누스 황제는 동로마 제국의 황제 리키니우스를 물리치고 동서 로마 제국을 통일하여 비잔틴 제국을 건설하고, 수도 비잔티움을 자신의 이름을 따서 콘스탄티노플로 개명했으며, 그리스도교를 국교로 만들었다.

22) 아리우스주의는 4세기경 이집트 알렉산드리아의 사제 아리우스(250~336)가 일으킨 그리스도의 신성을 부인한 이단이다.

23) 대부제(大副祭)는 부제들의 수석, 부제장(副祭長)으로, 초대 교회 시기부터 이와 비슷한 직책이 있었으나 이 이름이 본격적으로 사용된 것은 4세기 무렵이다. 대부제는 주교의 임명을 받아 교구에서 주교의 이름으로 관할권을 행사했는데, 직권 남용으로 이어져 이 직책이 폐지되었고 오늘날에는 교구의 총대리가 이 직무를 맡고 있다.

24) 플라비우스 아에티우스(396~454)는 서로마 제국의 장군이며 정치인이다. 훌륭한 인품으로 집정관을 세 번이나 역임할 정도로 제국 내에서 큰 영향력을 가졌다.

25) 알비누스는 아에티우스의 정적으로, 440년 당시 갈리아 지방의 집정관이었다.

26) 로마 4대 대성전은 성 베드로 대성전, 성 바오로 대성전, 성모마리아 대성전, 라테라노 성 요한 대성전이다.

27) 마니교는 페르시아인 마니(Mani, 216~276)가 3세기에 창시한 이원론적(二元論的) 종교이단으로, 한때 인도, 중국, 지중해 연안 일대에 퍼져나갔다. 마니교에 따르면, 신은 모든 선의 창조자이고, 악마는 모든 악의 창조자이다. 마니교는 사람이 행하는 악은 악마가 지배하는 힘에서 비롯된다고 전제하면서 악에 대한 인간의 책임을 부정하였고, 이렇게 하여 죄와 참회문제에서 그리스도교와 극명한 대립을 보였다.

28) 프리실리아누스(Priscillianus)가 375년경부터 스페인에 펼치기 시작한 비정통 교리로, 물질은 악하고 영혼은 선하다는 이원론적인 믿음을 갖는다는 점에서 영지주의와 마니교와 비슷하다. 천사와 인간의 영혼은 신에게서 나왔으나 육체는 악마에 의해 창조되었으며 죄에 대한 형벌로 인간의 영혼은 육체와 결합되었다고 영향력을 주장했다. 이는 그리스도의 참된 인성을 부인하는 결과를 초래했다.

29) 단성론은 예수 그리스도에게는 오직 하나의 성(性), 즉 인간이 된 신성(神性)밖에 없다고 주장하는 이단설로, 칼케돈 공의회(451년)에서 이단으로 배척되었다. 그 후에도 단성설은 동방 교회에서 계속 큰 영향력을 미쳤으며 '삼장 논쟁', '성화상파괴 논쟁' 등의 혼란의 원인이 되기도 했다.

30) 교회학자(敎會學者, Doctores ecclesiae) 또는 교회박사(敎會博士)는 교회가 특출한 지식과 견고한 신앙 그리고 거룩한 삶을 산 저술가나 설교가에게 부여하는 칭호이다.

31) 아틸라(Attila)는 5세기에 유럽을 뒤흔들었던 인물로 훈족의 왕이다. 로마 제국을 침략한 이민족 최고의 왕으로, 남부 발칸 지방과 그리스, 갈리아와 이탈리아까지 공략했다. 아틸라는 중세 독일의 전설적인 영웅 서사시 〈니벨룽겐의 노래〉에도 나올 정도로 유명하다.

32) 반달족은 5세기 로마제국을 침범한 게르만족의 일파로 북아프리카의 카르타고를 중심으로 국가를 건설했다. 신성모독이나 파괴를 뜻하는 반달리즘(vandalism)은 그들의 이름에서 나왔다.

33) 콘스탄티노플의 총대주교 플라비아노(?~449)는 단성론자들의 이단 교리를 반대했으며, 콘스탄티노플 교회회의(448년)를 주재하여 극단적 형태의 단성론 주창자 에우티케스를 정죄했다. 이에 에우티케스는 불복하여 로마에 상소했으나 레오 1세는 정통교리를 고수하고자 노력한 성 플라비아노의 용기를 격찬하는 서한(「토무스 앗 플라비아눔」)를 보냈다.

34) 「토무스 앗 플라비아눔」(Tomus ad Flavianum)은 〈레오 서한〉(Tome of Leo)으로도 불

리며, 451년 칼케돈 공의회 신조의 기초가 되었다. 칼케돈 공의회는 단성설을 이단으로 단죄하고 "그리스도의 신성과 인성이 한 위격에서 혼합되지도 않고 분리되지도 않은 채 결합되어 있음"을 신조로 선포했다. 한편, 이 서한은 또한 교황의 무류성을 선포한 첫 성좌선언으로 평가받고 있다.

35) 랑고바르드족(또는 롬바르드족)은 스칸디나비아 반도에서 기원한 게르만족의 하나로, 도나우 강 연안에 살다가 568년에 당시 비잔티움 제국의 영토인 이탈리아를 침공하여 왕국을 세웠다. 그들이 세운 왕국은 774년 프랑크족에게 정복될 때까지 이탈리아를 지배했다.

36) 유스티니아누스 페스트(흑사병)는 541년에서 542년까지 비잔티움 제국을 비롯하여 지중해 연안 전역에 걸쳐 발생한 페스트이다. 역사상 가장 끔찍한 페스트 중 하나로, 유스티니아누스 1세가 비잔티움 제국의 황제로 있던 시기에 발생하여 그의 이름이 붙여졌다.

37) '4대강 분수'는 우묵한 바위 위에 이집트의 오벨리스크가 우뚝 솟아 있고, 이 바위 둘레에 17세기 세계의 4대강, 곧 유럽의 도나우 강, 아프리카의 나일 강, 아시아의 갠지스 강, 아메리카 대륙의 라플라타 강을 상징하는 4개의 대리석상이 놓여 있다.

38) 프란체스코 보로미니(Francesco Borromini, 1599~1667)는 동시대의 건축가 베르니니의 맞수로, 그의 친척이며 성 베드로 대성당의 건축가였던 마데르노의 소개로 마데르노, 베르니니의 지휘하에 성 베드로 대성당의 공사에 참여했다. 같은 바로크 건축가였으나 베르니니가 고전주의적이고 단정한 작품을 추구했다면, 보로미니는 곡면을 여럿 사용하여 환상적인 효과를 추구했고 이후 바로크 건축에 큰 영향을 주었다.

39) 성 보니파시오(675~754)는 영국의 귀족 가문에서 태어나 수도회에 들어가 사제가 되었고, 이후 수도회 학교의 교장을 역임했다. 특히 독일에 가서 복음을 전해 큰 성과를 거두었다. 마인츠의 교구장이 된 보니파시오 주교는 여러 지방에 교회를 세웠다.

40) 여기서 라인 강 저편 외교인들은 게르만 족을 지칭한다.

41) '눈의 성모 마리아 성당'(성모설지전 성당)이라고도 불리는 이 성당에는 눈에 관한 이야기가 전해진다. 325년 교황 리베리오의 꿈에 성모 마리아가 나타나 눈이 내리는 곳에 성당을 건축하라고 계시를 내렸는데, 8월의 한여름임에도 실제로 에스퀼리노 언덕 부근에 눈이 내렸다고 한다. 바실리카 양식으로 지어진 이 성당은 로마의 4대 대성전 중 하나이다.

42) 799년, 적들에 의해 교황 자리에서 강제로 내쫓겼던 교황 레오 3세는 프랑크의 왕 샤를마뉴에게 도움을 청했다. 이에 샤를마뉴는 로마로 건너가 레오 3세에게 교황직을 돌려주었다. 성탄절 샤를마뉴가 미사에 참석하기 위해 성 베드로 대성전에 와서 기도를 드리고자 무릎을 꿇자, 교황 레오 3세는 제단에서 왕관을 들어 올려 샤를마뉴의 머리에 씌워주며 그를 서로마 제국의 황제로 선포했다.

43) '자유 교양 과목(arts liberaux)'은 '자유인'으로서 이성적으로 사고하고 자신의 생각을 표명할 수 있는 사람이 되기 위해 필요한 교양이란 뜻에서 '자유 7과'라고도 불렸다. 고대와 중세 시대의 교육 과목으로, 샤를마뉴의 고문인 알퀴노가 성직자와 수도자 등을 훈련시킬 목적으로 왕실 학교에 도입한 것으로 유명하다. 문법, 논리(문답법), 수사학 등의 삼학(Trivium)과 산술, 기하, 천문학, 음악 등의 사학(Quadrivium) 총 7가지 교과목을 일컫는다.

44) 제173대 교황으로, 1187년 페라라에서 교황으로 선출되었으나 신성 로마 제국과 불화가 계속되었고, 그해 10월 2일 예루살렘이 이슬람에 의해 함락된 후 새로운 십자군 모집을 준비했다. 로마에 입성하지 못하고 57일이라는 짧은 재위 기간(10월 21일~12월 17일)을 지낸 뒤 생애를 마쳤다.

45) 지아코모 델라 포르타(Giacomo della Porta, 1537~1602)는 16세기 후반의 중요한 로마 건축가로서 당시 로마에서 진행중이던 대부분의 주요 건축계획에 참여했다. 미켈란젤로의 제자였던 그는 미켈란젤로의 건축공사를 이어 받아 성 베드로 대성당 작업을 계속했다. 성 베드로 대성당의 돔을 건립할 때 미켈란젤로가 의도했던 것보다 더 높고 뾰족하게 만들었는데, 이것이 바로크 돔 양식의 전형이 되었다.

46) 필립 2세(Philippe II, 1165~1223)라고도 불리며, 카페 왕조 출신으로는 프랑스 왕국의 7번째 국왕이다. 강력한 왕권을 확립하고 대대적으로 국가체제를 정비하여 오랫동안

약화되었던 프랑스의 국력을 신장시켰으며, 십자군 원정에도 참가했다. 프랑스 국왕으로는 처음으로 위대한 왕이라고 평가되어 '존엄왕(Auguste)'이라는 별칭이 붙었다.

47) 존 왕은 자신의 권력욕과 안위를 위해 1205년 까지 선대의 왕들이 확보해놓은 노르망디를 포함한 프랑스 내의 잉글랜드 영토 대부분을 프랑스 왕 필리프 2세에게 잃었다. 그래서 '땅을 잃어버린 왕(Lackland)'이란 별칭을 얻었고, 후대의 군주들이 그 땅을 되찾기 위해 프랑스 원정을 벌인 것이 백년전쟁의 시초이다.

48) 지금의 발트해 3국, 에스토니아, 라트비아, 리투아니아 3국을 말한다.

49) 십자군 원정을 말한다.

50) 보두앵 드 플랑드르(또는 보두앵 1세, 1172~1205)는 인노첸시오 3세 교황이 1199년 제창한 제4차 십자군 원정에 참여하였고, 콘스탄티노플 점령에 참여하여 콘스탄티노플 라틴 제국 최초의 황제가 되었다.

51) 티보 드 샹파뉴(또는 티보 3세, 1179~1201)도 인노첸시오 3세의 호출을 받아 보두앵 1세와 함께 제4차 십자군 원정을 이끌었다.

52) 제4차 십자군은 1204년 비잔티움 제국을 멸망시키고 라틴 제국을 세우려고 콘스탄티노플을 점령하여 그곳에 라틴 총대주교를 세웠다. 보두앵 1세가 초대 라틴 제국 황제가 되면서 동로마에는 황제도 두 명, 콘스탄티노플 총대주교 본래의 정교회 총대주교와 로마 가톨릭(라틴) 총대주교가 공존하게 되었다.

53) 우르바노 8세(재위 1623~1644)는 외국 선교에 많은 관심을 쏟았고 선교사 양성을 위해 1627년 우르바노 대학을 설립하였다. 노예제도 폐지와 그리스도교의 공동 선익을 위해 노력하였으나 족벌정치의 한계를 벗어나지 못한 약점을 지녔다.

54) 카를로 바르베리니(1630~1704)는 우르바노 8세 교황의 조카이고, 우르바노 8세 교황의 형은 타데오 바르베리니이다.

55) 발도파는 12세기 말 리용의 부유한 상인 피에르 발도(또는 발데스)가 프랑스 남부에 세운 그리스도 신앙공동체로, 이탈리아와 남아메리카 등에 퍼져나갔다. 성경의 복음적 가난의 정신에 따라 재산을 가난한 이들에게 나눠주면서 시작된 일종의 복음주의 교회 개혁운동이었다. 로마 가톨릭교회는 종교재판과 십자군을 통해 이들을 이교도로, 심지어 마녀, 마법사, 마술사, 점성술사 등으로 이단시하여 처형했다.

56) 발도파는 로망스어로 번역된 성경을 만들었다.

57) 카타리파는 신(新)마니교의 이원론(세상에는 선과 악이라는 두가지 원칙이 있으며, 물질 세계는 악하다는 이론)을 믿었고, 육식, 결혼생활, 사유 재산 등을 부정하는 극단적인 금욕주의를 표방했다. 로마 교회는 이들을 이단으로 단정하고 여러 차례 개종을 권유하였으나 효과가 없자, 인노첸시오 3세는 1181~1229 3차례에 걸쳐 십자군을 파견하여 이들을 토벌했다.

58) 성 도미니코 데 구스만(1170~1221)은 도미니코회의 창설자로, 1203년에 디에고 데 아제베도(Diego de Azevedo) 주교를 수행하여 프랑스 남부 랑그도크로 가서 알비파 이단을 상대로 설교하였고, 이후 '설교자들의 설교회'라 불리는 도미니코회를 창설했다.

59) 아씨시의 성 프란치스코(San Francesco d'Assisi,1182~1226)는 이탈리아의 아씨시에서 부유한 상인의 아들로 태어나 젊은 시절 방종하게 살았으나 회심한 뒤 복음적 가난을 실천하며 하느님의 사랑을 전했다. 1228년 교황 그레고리오 9세에 의해 성인으로 시성되었다. 성 프란치스코는 시에나의 성녀 가타리나와 더불어 이탈리아의 공동 수호성인으로 공경받고 있다. 지금의 프란치스코 교황은 프란치스코 성인의 정신을 따른다는 뜻에서 자신의 이름을 프란치스코로 정했다.

60) 수석 주교(primat)는 주로 관할권을 갖지 않은 명예 칭호로, 다른 주교들에 비해 우위권을 갖는다.

61) 트라야누스 황제(재위 98~117)는 로마 제국 최대 전성기를 이끈 5명의 현명한 황제들 가운데 대표적인 인물로, 로마 제국의 영토를 최대로 넓히고 각종 토목 공사를 벌이며 팍스 로마나를 구가했다.

62) 다키아는 다뉴브강 하류에 위치한 현 루마니아의 고대 지명으로, 트라야누스 황제 때 로마의 속주였다.

63) 지금의 트라야누스 기념주 꼭대기에는 베드로 성인의 조각상이 있는데, 16세기에 식스토 5세 교황의 지시에 따른 것이라고 한다.

64) 미켈란젤로는 코르도나타 계단을 길게 만들면서도 원근감을 없애고자 올라갈수록 폭이 넓어지도록 설계했고, 이 착시현상으로 아래에서 계단을 올려다보면 사다리꼴이 아닌 직사각형 모양으로 보이며 계단의 길이도 실제보다 훨씬 짧아 보인다.

65) 그리스신화에 나오는 스파르타 왕으로 레다의 남편이다. 이 설명처럼 틴다레오스와 레다 사이에서 난 아들이 카스토르라고도 하고, 백조로 변신한 제우스가 레다와 낳은 쌍둥이 형제를 카스토르와 폴룩스라고도 한다.

66) 13세기 말부터 세속권력이 확장되면서, 1309년부터 1378년까지 교황 클레멘스 5세를 비롯하여 모두 7명의 교황이 아비뇽에 억류된 생활을 했다. 1378년 로마에서 시민들의 봉기로 로마 출신의 교황 우르바노 6세를 선출하였는데, 프랑스 출신의 추기경들은 이에 반대하여 대립 교황 클레멘스 7세를 뽑아 아비뇽에 교황청을 두면서, 1417년까지 40년 동안 두 명의 교황과 두 개의 교황청이 공존하며 세력 간 반목과 재정적 손실 등을 초래하고 서방 교회의 분열을 가져왔다.

67) 콘클라베(conclave)는 '열쇠로 잠근다'는 뜻에서 유래한 말로, 교황을 선출하는 추기경단회의이면서 외부와 차단된 교황 선출 장소와 제도를 뜻한다. 비밀 투표로 오전 오후 두 차례 실시하며, 3분의 2의 다수결이 나올 때까지 투표를 계속한다.

68) 1417년 11월 교황으로 선출된 마르티노 5세는 1309년 아비뇽 유수부터 40년 만에 전체 교회가 인정하는 교황이 되었다.

69) 신성 로마 황제(독일 황제) 선출에 참여할 권리를 지닌 신성 로마 제국의 제후를 말한다.

70) 코페르니쿠스 시대의 가톨릭교회는 지동설을 하나의 가설로 인정하고 크게 반대하지 않았다. 그러나 한 세기 뒤 교회의 권위가 위협을 받고 한층 보수화되면서 지동설을 주장한 갈릴레이는 종교 재판을 받게 된다.

71) 트리엔트 공의회를 말한다. 이에 대한 자세한 설명은 아래의 각주 72~74번 참조.

72) 제1기(1545~1549년)에서 성경이 신앙의 유일한 원천이라는 주장을 이단으로 배척하고 성경과 성전 모두를 신앙의 원천으로 확인했다. 아울러 성경 해석의 권위는 오직 교회만이 가진다는 것을 명백히 했다. 또한 프로테스탄트의 은총 절대설과 정의 가산설을 배척하고, 원죄와 의화에 대한 정의와, 성사에 대한 교리를 규정했다. 바로 3세 교황과 카를 5세의 관계가 악화되면서 회기가 중단되었다.

73) 제2기(1551~1552년)는 율리오 3세 교황이 즉위한 뒤 속개되었다. 1년여에 걸쳐 성체 성사에서 그리스도의 현존과 실체변화, 고해성사, 병자성사, 비밀고해, 보속 등의 교리가 규정되었다. 이 제2회기에는 제회기 때 참여하지 않은 독일 주교들과 프로테스탄트들도 참석했다. 그러나 이들이 교황의 권위를 인정하지 않고 지금까지의 결정을 취소할 것을 요구하면서, 결국 토론의 공통 토대가 없음을 확인하고 교황은 프로테스탄트의 요구에 대해 더 이상 토의하는 것을 금지했다. 이어 독일 제후들의 봉기로 회기가 또 중단되었다.

74) 제3기(1562~1563년)는 가장 많은 성과를 거두었다. 제2기가 끝난 뒤 10년 만에 열린 제3기의 가장 중요한 심의 대상은 성체성사와 미사, 사제서품, 혼인성사였다. 그밖에 성인들의 통공, 성인 유해의 공경, 연옥, 대사, 성상의 사용, 교구 신학교 설립, 주교 임명, 교구 시노드, 강론 등에 대한 교령이 반포되었다.

75) 산 피에트로 인 빈콜리 성당(Basilica di San Pietro in Vincoli, 쇠사슬의 성 베드로 성당)은 베드로 사도가 예루살렘 감옥에 갇혀 있을 때 묶여 있었던 쇠사슬 유물을 보관하고자 432~440년경에 세운 성당이다. 이 성당에 세워진 미켈란젤로의 모세상은 원래는 율리오 2세 교황을 위하여 그의 가문(델라 로베레 가문) 성당에 만들어질 장엄한 영묘의 47개의 조각상들 가운데 하나로 제작되었다.

76) 산탄젤로 성(Castel Sant'Angelo, 천사의 성)은 원래 135년 하드리아누스 대제가 자신의 묘로 사용하고자 세운 건물로, '하드리아누스의 영묘'라고도 불린다. 이 성이 '천사의 성'이라는 이름을 갖게 된 것은 590년 로마에 흑사병이 돌았을 때, 당시 교황 그레고리오 1세가 이 성의 꼭대기에서 칼집에 칼을 다시 꽂는(흑사병이 사라진다는 상징으로) 미카엘 천사의 모습을 보았고, 그 뒤 얼마 지나지 않아 정말로 흑사병이 사라졌기 때문이다.

77) 프란츠 2세(1768~1835)로, 나폴레옹 전쟁 시기의 신성 로마 제국의 마지막 황제이고 오스트리아의 황제이다.

78) 에르콜레 콘살비(Ercole Consalvi, 1757~1824)는 친구인 키아라몬티 추기경이 비오 7세로 선출되자 국무원장을 맡았다. 20여 년 간 교황청을 인솔하며 나폴레옹 전쟁 등 불리한 국내외 정세 속에서 교황령의 영토 대부분을 회복하고, 교황청의 내부개혁을 추진했다.

79) '꼬마 하사관'(le petit coparal)은 나폴레옹의 별명이다. 이탈리아 원정 당시 이탈리아 북부 로디 다리에서 오스트리아 군과 대치했을 때 직접 대포를 쏘며 전쟁을 진두지휘하여 승리를 거두었고, 이때 하사관처럼 전장을 누비는 그의 모습에 감동한 부하들이 붙여준 애칭이라고 한다.

80) 전통적으로 프랑스 교회를 가리키는 비유적 표현이다.

81) 노트르담 대성당에서 나폴레옹의 황제 대관식이 거행되었다.

82) 아우스터리츠(Austerlitz) 전투는 1805년 12월 나폴레옹이 오스트리아 전쟁을 종식시키고, 제3차 대 프랑스 동맹을 와해시킨 전투이며 나폴레옹 전쟁 기간 동안 나폴레옹이 보여준 최고 수준의 전술적 재능이 빛난 전투였다.

83) 샤를마뉴(Charlemagne, 742~814)는 로마 제국 이후 최초로 대부분의 서유럽을 정복하여 정치적, 종교적으로 통일시켰으며 '유럽의 아버지'로도 불린다. 특히 당시 동로마 교회에 맞서 서로마 교회를 지키고 독자적인 교황권을 확립했다. 사후 그는 '대제'로 번역되는 Magnus(라틴어) 또는 Magne(프랑스어)의 칭호를 얻었다. 나폴레옹은 교회에 기여한 샤를마뉴 대제에 자신을 비유하고 있는 것이다.

84) 이탈리아 북서부 리구리아 지방에 위치한 도시이다.

85) 1815년 6월 18일 벨기에 남동쪽 워털루에서 벌어진 전투에서 나폴레옹은 영국, 프로이센, 네덜란드 연합군에 대패했다. 이후 아프리카 대륙 서쪽의 세인트헬레나 섬에 6년 간 유배되어 있다가 1821년 세상을 떠났다. 나폴레옹 퇴진 이후 프랑스는 다시 왕정으로 돌아갔고 승리한 연합국들은 오스트리아 빈 회의를 통해 유럽을 재편한다.

86) 빈 회의(1814~1915)는 나폴레옹 전쟁 이후 유럽 재편을 논의한 국제회의로, 나폴레옹 전쟁의 혼란을 수습하고, 유럽의 상태를 전쟁 전으로 돌리는 것, 곧 프랑스 혁명 이전의 유럽의 왕정 체제를 다시 보수하고 유지하는 것이 목표였다. 이를 통해 나폴레옹 전쟁처럼 유럽의 기존 체제를 위협할 일을 예방하기 위해 프랑스가 다시 강국이 되지 못하도록 견제하고자 했다. 이 회의를 통해 교황령은 나폴레옹 전쟁 이전으로 복귀하여 옛 영지를 모두 회복하되, 아비뇽만은 프랑스의 영역으로 남긴다는 결정이 내려졌다.

87) 도나토 다뇰로 브라만테(Donato d'Augnolo Bramante, 1444~1514)는 교황 율리오 2세의 부탁으로 성 베드로 대성전을 짓기 위해 일생을 바친 건축가이다.

88) 오늘날의 지명은 라치오 주의 카르피네토 로마노(Carpineto Romano)이다.

89) 베네벤토(Benevento)는 이탈리아 남부 캄파니아 주에 위치해 있으며 나폴리에서 북동쪽으로 50km 떨어져 있다. 당시 교황령 가운데 가장 작은 지방이었으나 지금은 대교구이다.

90) 이탈리아 왕국으로 1861년부터 1946년까지 이탈리아에 존재한 나라이다.

91) 1870년 당시 이탈리아 왕국의 국왕인 비토리오 에마누엘레 2세가 1870년 9월 20일에 로마를 점령하고 로마를 새로운 왕국의 수도로 정한 뒤 교황의 세속권을 모두 빼앗아버렸던 사건을 말한다.

92) 반교권주의(反敎權主義, Anti-clericalism) 또는 반성직주의는 로마 가톨릭교회나 가톨릭교회 성직자들의 권위주의에 반대하는 사상을 말하며, 이탈리아의 반교권주의는 민족주의, 자유주의와 결합되어 있었다.

93) 프란츠 요제프 1세(Franz Joseph I, 1830~1916)는 오스트리아 제국(재위 1848~1867)과 오스트리아-헝가리(재위 1867~1916) 제국의 황제로, 1866년까지 독일의 군주였으나 프로이센의 빌헬름 1세에게 빼앗겼다. 준식민지로 영향력을 행사하던 세르비아인들과 갈등을 빚다가 1914년에는 세르비아를 침공, 제1차 세계 대전을 일으켰다.

94) 문화투쟁(文化鬪爭, Kulturkampf)은 1871년에서 1878년에 걸쳐 프로이센에 대한 로마 가톨릭 교회의 역할과 영향력을 약화시키기 위해 독일 재상 비스마르크의 주도 아래 계

획된 정책이다. 그러나 이 정책은 실패로 끝났다. 가톨릭 신자들은 자체적으로 정당 (독일 중앙당)을 만들어 대항했으며, 결국 비스마르크는 자신의 반가톨릭 정책을 철 회했다.

95) 레오 13세는 프랑스 가톨릭 신자들에게 제3공화국을 받아들이게 하였으나 대통령이 사임하자 정부는 다시 로마 가톨릭에 대한 투쟁을 개시했다. 이혼을 허락하고 종교 교육을 추방하며 수도회가 운영하던 1만여 개의 학교들을 강제로 폐쇄시켰다. 1905년 교회와 국가가 완전히 분리되었다.

96) 프랑스 제3공화국은 1871년 보불전쟁으로 나폴레옹 3세의 프랑스 제2제국이 붕괴된 이후 아돌프 티에르가 대통령으로 취임하면서 세워진 프랑스의 정치 체제로, 1940년 제2차 세계대전 때 나치 독일에게 점령당할 때까지 정확히 70년 동안 유지되었다. 제3공화정 정부와 가톨릭교회는 치열한 다툼을 벌였다. 가톨릭 측은 앙시앵 레짐 이후로도 왕당파와 우파 세력의 핵심적인 역할을 차지하고 있었고, 이는 공화정에 크나큰 위협이었다.

97) 〈우려와 관심 속에서〉(Inter Sollicitudines)는 "교회와 프랑스 국가"라는 부제를 지닌 정치 회칙이다.

98) 비스마르크(Otto Eduard Leopold von Bismark, 1815~1898)는 독일을 통일하여 독일 제국을 건설한 프로이센의 외교관이자 정치인이다. 제2제국 수립 후 초대 재상이 되었으며, 독일의 통일을 위한 프랑스 및 오스트리아와 전쟁을 강행하여 승리로 이끄는 등 철혈정책을 추진하여 보통 '철혈 재상'이라고 불린다.

99) 라테란 조약은 이탈리아 정부와 교황청이 1929년 체결한 조약으로 교황청의 주권을 인정하고 전적인 독립을 보장했다.

100) 성문(聖門)은 '성년(聖年)의 문'이라고 하며, 성 베드로 대성전을 비롯한 라테라노 대성전, 성 바오로 대성전, 성 요한 대성전 등 로마의 4대 대성전에 있는 문(門)으로 천국의 문을 상징한다. 보통 황금빛으로 되어 있고, 성년(聖年, Holy Year)을 제외한 평상시에는 항상 굳게 닫혀진다. 베드로 대성전의 5개 문은 왼쪽에서 오른쪽 방향으로 각각 '죽음의 문(교황 서거 시 사용)', '선과 악의 문(현재의 출구)', '중앙문', '칠성사의 문(현재의 입구)', '성문'이란 이름을 갖고 있다. 이 중 맨 오른쪽의 '성문(성스러운 문)' 안쪽은 콘크리트로 되어 있어 이를 부숴야만 문을 열 수 있는데, 여기에는 '우리의 단단한 마음의 문을 하느님의 말씀으로 깨뜨려서 연다'는 상징적 의미가 담겨있다.

101) 아킬레 라티(비오 11세)는 1879년 사제 서품을 받은 뒤 철학, 신학, 교회법 분야에서 박사학위를 취득했고, 고대와 중세 시대의 교회 고문서에 정통한 고문서학자로 두각을 나타냈다.

102) 암브로시오 도서관은 밀라노의 수호성인 암브로시오의 이름을 가진 유서 깊은 도서관으로, 밀라노 추기경이던 페데리코 보로메오 추기경(Federico Borromeo, 1564~1631)이 설립하였다. 1609년 세계 최초의 대중 도서관으로 문을 열었고, 현재는 미술관, 아카데미 등이 함께 운영되고 있다.

103) 평방킬로미터로 환산하면 0.44㎢(약 13만 3천 평)으로 우리나라 여의도 면적(2.9㎢)의 ⅙에 못 미친다.

104) "로마문제"는 1870~1929년까지 약 육십 년간 교황청과 이탈리아 정부 간에 불편했던 관계를 말한다. 1870년 당시 이탈리아 국왕이 로마를 점령하면서 1000여 년 동안 소유하고 있던 교황령을 상실하게 되었고, 소위 보장법(保障法)으로 교황에게 연금을 제공하고, 일신상 불가침권과 영적 기능의 자유로운 행사를 보장하겠다고 교황에게 제의하였으나 교황청은 이 제의를 거절하였다. 이때부터 교황청과 이탈리아 정부의 관계가 60여 년 동안 악화되었다가, 1929년 마침내 비오 11세가 무솔리니와 라테란 조약을 체결하면서 로마문제가 종결되었다.

105) 무솔리니가 이끄는 이탈리아 파시스트들을 가리키는 표현으로 검은 셔츠를 제복으로 입은 데서 비롯한 별칭이다.

106) 락시옹 프랑세즈(L'Action française)는 프랑스의 가톨릭 신자들을 주축으로 한 반공화주의 단체로 이들이 발행한 신문(1908~1944)의 이름이기도 하다. 드레퓌스 사건 당시 반(反) 드레퓌스 진영에서 드레퓌스의 유죄와 반유대주의를 부르짖으며 강한 민족주의를 표방했다.

107) 1931년 6월 29일 이탈리아어로 발표한 이 회칙에서 비오 11세는 무솔리니가 이탈리아의 가톨릭 단체인 가톨릭 액션과 가톨릭 청년 단체를 폐쇄한 것에 항의하며, 파시즘이 국가에 대한 무신론적 숭배라고 단죄했다.

108) 이탈리아어로 수령 또는 국가 원수를 뜻하는 '두체(Duce)'는 무솔리니를 일컫는 호칭이다.

109) 나치 당국의 제재를 받지 않고자 이 회칙에 대한 사전발표는 전혀 없었고, 독일 내의 모든 성당에서 모든 신자에게 알리기 위해 이 회칙의 배포는 철저하게 비밀리에 붙여졌다.

110) 반유대주의(Anti-semitism)는 19세기에 대두된 민족주의에 사상적 기반을 두고 있으나 1933년 히틀러가 정권을 잡으면서 폭발적으로 확산되어 역사상 유례를 찾아볼 수 없는 범세계적인 반유대주의운동을 불러일으켰다. 1941년 유대인 말살정책이 공식화되면서 600만 명 이상의 유대인들이 목숨을 잃었다.

111) 셈족(Semites 또는 Semitic)의 어원은 창세기에 나오는 노아의 장남 "셈"(Sem)에서 유래한 말로, 셈족은 이스라엘을 비롯한 아브라함의 후손들을 가리키며, 인종적으로는 아랍인과 유대인이 포함된다.

112) 이 회칙의 제목은 〈인류의 단일성에 관하여 Humani generis unitas〉(On the Unity of the Human Race)으로, 비오 11세가 반유대주의, 인종주의, 유대인 박해를 단죄하고자 1939년 2월 10일 선종하기 전에 구상한 회칙이었다. 이후 발표된 적이 없어서 "숨겨진 회칙(The Hidden Encyclical)" 또는 "잃어버린 회칙(The Lost Encyclical)"으로 불린다. 이 회칙의 초안은 존 라파지의 인솔 아래 예수회원 3명이 작성하였으나, 1995년 프랑스에서 발표되기 전까지 비밀에 부쳐졌다. 1995년 프랑스에서는 "비오 11세의 숨겨진 회칙(L'Ency-clique Cachée de Pie XI)"이라는 제목으로 발간되었고, 1997년에는 영어로도 "The Hidden Encyclical of Pius XI"라는 제목으로 발간되었다.

113) 존 라파지 주니어(John LaFarge, Jr., 1880~1963)는 미국인 예수회 신부로, 반(反) 인종주의 활동으로 유명하다. 제2차 세계대전이 일어날 무렵(1939년)에 비오 11세의 반인종주의적 반전체주의 사상을 담은 교황 회칙의 초안을 〈인류의 단일성에 관하여 Humani generis unitas〉라는 제목으로 준비했다.

114) 비오 12세는 교황선거법을 수정하여 추기경단 다수결 3분의 2표에 1표를 더하게 하였는데, 피선출자 본인의 표를 막기 위해서였다고 한다. 한편 이렇게 당선된 요한 23세는 이 규정을 다시 3분의 2로 환원시켰다.

115) 프랑스 국왕 루이 12세(1462~1515)는 이탈리아를 차지하기 위해 여러 차례 원정을 감행했고, 이 때 삼위일체 성당도 지었다. 프랑스의 심각한 재정난을 초래했으나, 백성을 위한 정치를 펴서 '백성의 아버지'라는 호칭을 받을 정도로 백성의 지지를 받았다.

116) 한쪽 궁륭이 훼손되고 한동안 버려진 이 성당은 1816년 로마 주재 프랑스 대사가 주축이 되어 복구했다. 이후 교황청에 프랑스 대사관이 주재하면서 프랑스 정부가 경영하는 특수 재단이 삼위일체 성당의 유지와 관리를 책임 맡고 있다.

117) 샤를 드골(Charles de Gaulle, 1890~1970)은 프랑스의 레지스탕스 운동가, 군사 지도자이자 정치인이며 작가이다. 1944년 해방되자마자 드골은 나치 협력자들에 대한 재판을 통해 국가의 기강을 바로잡고자 했다.

118) 비시(Vichy) 정권은 제2차 세계 대전 중에 나치 독일의 점령 하에 있던 남부 프랑스를 1940년부터 1944년까지 통치한 정권이다.

119) 페탱(Philippe Pétain, 1856~1951)은 프랑스의 군인이며, 비시 정권의 수반이었다. 제1차 세계 대전 때의 무훈으로 한때 프랑스의 국부로 칭송받았지만, 제2차 세계 대전 당시 나치 독일에 협력하여 프랑스 국민들의 '공공의 적'으로 지목되어 종신형을 선고 받았다.

120) 요한 23세는 교황 즉위 후 100일도 지나지 않은 1959년 1월 25일, '성 바오로 사도의 회심 축일'에 공의회 소집을 공표했다.

121) '아조르나멘토'(aggiornamento)는 개혁과 쇄신, 현대화를 뜻하는 이탈리아어로, 교황 요한 23세가 처음 사용했다. 이후 가톨릭 교회가 '현대 세계로의 적응'을 주요 목적으로 한 제2차 바티칸 공의회의 정신을 대변하는 모토가 되었다.

122) 오타비아니 추기경은 당시 성무성성(현 신앙교리성) 장관으로 정교분리와 종교적
관용을 반대하는 교황청의 보수파를 대표하였고, 공의회 준비위원회 위원장이었다.
베아 추기경은 개혁파의 대표 인물로, 1960년 그리스도교 일치 촉진을 위한 사무국을
개설하고 이끌었다. 공의회의 개회부터 폐막까지 두 사람은 종교 자유의 문제를 놓고
격렬한 논쟁을 벌였다.

123) 자기 자신의 목소리로, 곧 요한 23세가 직접 작성했다는 뜻이다.

124) 쿠바 미사일 사건은 1962년 10월 22일부터 11일간 소련의 핵탄도미사일을 쿠바에
배치하려는 시도를 둘러싸고 미국과 소련이 대치하여 핵전쟁 발발 직전까지 갔던
국제적 위기를 말한다.

125) 아쿠아 비르고(Aqua Virgo)는 고대 로마 시에 공급하던 11개의 로마의 수도교 가운데
하나로, 로마 제국의 몰락과 함께 사용하지 않게 되었으나 르네상스 시대에 복원되
었다. 구전에 따르면, 목마른 로마 병사들이 어린 소녀에게 물을 달라고 부탁하자,
그 소녀가 샘으로 그들을 안내했고 나중에 그 샘물을 이어 수도로 물을 공급했다고
한다. 이렇게 하여 수도교의 이름이 이 소녀의 이름(Virgo)을 따서 붙여졌다.

126) 교황 선출 후에 선임 부제급 추기경이 성 베드로 대성전 중앙 발코니에 나와 새 교
황의 탄생을 라틴어로 "Habemus Papam(교황이 나셨습니다)"이라고 외치며 알린다.
바로 뒤이어 신임 교황이 발코니에 나와 인사를 하고 로마와 전 세계에(urbi et orbi)
첫 교황 강복을 한다.

127) 현실 사회주의는 브레즈네프 집권(1964~1982년) 당시 동구 공산권 국가들과 구소련
에서 널리 주창된 이념적 선전 용어로, 그 당시 집권 공산당이 주도한 소련식 경제 계
획을 의미한다. 당시 공산주의 국가들은 그들의 정부 정책을 "현실 사회주의"라고
명명하며, 이를 통해 그들 정부와 사회 형태가 완전한 공산주의를 향해 나아가는 과
도기 단계로 보았다. 그러나 실제로는 모든 정치, 사회, 경제적 권력이 집권 공산당과
관료에게 집중되었고, 이러한 불평등에 대한 인민의 저항은 1980년대 이후 모든 동
구 공산권 국가들로 확산되면서 1980년대 말의 체제 전환으로 이어졌다.

128) "두려워하지 마십시오(Non abbiate paura)!"이 말은 요한 바오로 2세가 1978년 10월
22일 교황 선출 뒤 즉위 미사 강론에서 한 말이다.

129) 세계청년대회(World Youth Day, 약어 WYD)는 영어와 불어 등으로는 "세계 젊은이의
날"로 옮겨지지만 우리나라에서 "세계청년대회"로 표현하고 있다. 요한 바오로 2세
는 1985년 유엔이 정한 "세계 청년의 해"를 맞아 로마에서 처음 세계 청년대회를
가졌다. 의외로 많은 젊은이들이 참여했고 이후에도 계속 모임을 갖기를 희망했다.
이에 요한 바오로 2세는 1986년 로마에서 제1회 세계청년대회를 개최하고, 1987년
에 부에노스아이레스에서 국제적 규모의 대회를 연 이래 2~3년마다 한 번씩 세계
청년대회를 갖도록 했다. 폴란드 체스토호바(1991년), 미국 덴버(1993년), 필리핀
마닐라(1995년), 프랑스 파리(1997년), 이탈리아 로마(2000년), 그리고 최근에는 스
페인 마드리드(2011년)와 브라질 리우데자네이루(2013년)에서 열렸으며, 2016년
에는 폴란드 크라코프에서 열렸다.

130) 요한 바오로 2세는 2014년 4월 27일 요한 23세와 함께 시성되었으니 이 책이 출간되
기 전이다.

131) 요한 바오로 2세의 장례식에 참석한 신자들은 성인처럼 살다 간 교황을 기리며 곧
성인이 되게 해달라는 기도를 바쳤다.

세상을 바꾼 교황들 베르나르 르콩트 지은이 | 필립 로랭 그린이 | 연숙진 옮긴이

초판 1쇄 발행 2017년 4월 28일
펴낸이 이민 · 유정미 | **디자인** 이경아
펴낸곳 이유출판 | **등록** 2008년 10월 28일(제25100-2008-000049호)
주소 서울시 종로구 자하문로 24길 15 우편번호 03042
전화 070.4200.1118 | **팩스** 070.4170.4107 | **이메일** iubooks11@naver.com

ISBN 9979-11-953255-6-6 03230

교회인가 2017년 1월 3일 서울대교구

이 도서의 국립중앙도서관 출판예정도서목록(CIP)은 서지정보유통지원시스템 홈페이지(http://seoji.nl.go.kr)와
국가자료공동목록시스템(http://www.nl.go.kr/kolisnet)에서 이용하실 수 있습니다.(CIP제어번호: CIP2017008953)

＊가격은 뒤표지에 있습니다.